賜官講鬼神

——女神、財神

劉天賜

推薦序

香港八九十代的書市好旺，旺在大家冇包袱，乜題材都有人寫，又有好多出版商肯投資，更重要就是作者不會是清一色的教授學者，更多的是編劇、廣告人、ＤＪ和記者，籠統來說，就是創作人。

創作人寫的書絕對比學院派好睇，乜原因？兩句講晒：不言高深，但要過癮。同一個題目，前者起承轉合寫得四平八穩，樣樣到位，但若非你是做功課寫論文，你一定冇衝動去買去睇；但創作人唔同，佢哋在理論或搜集材料上雖然稍遜，之不過呢班人社會觸覺敏銳，深明包裝的重要，在文章的選擇、取材、節奏、用語都會混入計算，絕不會做 out 盟成員，好爭取生存空間。

呢類創作人，家陣香港已買少見少，碩果僅存者，賜官、劉天賜大前輩就是其中的代表。

賜官今年行年七十三，翻查他寫書的數量，自一九八四年至今，居然已有四十幾本，真係唔講得笑，佢老人家常自謙是常識分子，但呢份常識其實係撈埋好多年的華洋閱讀功力而來，他其中有一條寫書大橋，就是博取中西通俗貼地的民間素材，再精挑細選吸睛有份量的內容，先配以個人見解，再加入大量珍貴插圖，然後成書，最後當然大賣！

賜官的書，題材多而雜，早期的《小寶神功》系列，實《人性的弱點》的香港2.0版，小弟閱之久矣，心想賜官縱橫文化娛樂界多年，乜嘢牛鬼蛇神未見過？他的人生攻略經驗，足夠寫多N本留世，便認定他是香港卡耐基，誰知他後來筆鋒一轉，二零零二年竟出了一部《妖精鬼怪圖説》，居然寫起民俗文化的題材來，做乜無端端做埋呂宗力和馬書田？實在有點意外，但細心回想，賜官雜學之豐，在平日的言論和電台節目已表露無遺，鬼神之説，最合普羅讀者口味，加上題材廣、作家少，大有創作空間，而且最殺食者，就是賜官熟知《聖經》和西方鬼怪文化，呢下嘢就非如我這等土著民俗字匠可媲美了。

本書是賜官研究中國鬼神理論的最新心得，特色是中西比對，除了講中國女神、財神、鬼魅，還旁及西方、日本、泰國諸處的神鬼傳說，記憶中香港的作家冇人咁寫過，就算有都冇寫得咁多咁細緻，於我而言，肯定是未來書架必備的參考書。

我一九八八年入讀無綫編劇訓練班，賜官嗰時仲係大台一人之下的製作總監，乃係我的大大領導，但勢估唔到，在三十多年後，佢居然紆尊降貴，叮囑我這個小子為其新書作序，焉敢不從？

我做編劇和記者的日子，無書舉步難行，閱讀報紙、雜誌和書刊便是靈感的放題，如今雖云有互聯網的幫助，搵料易又快，但要獲得更有靈性和獨到的知識養份，書刊的功能不可取替（當然還可保值），家陣香港啲書唔好睇，主要係冇晒入世好玩有常識的創作人，書的題材亦悶到生果蔬菜都發唔出芽，賜官能繼續出書寫書，實在幫咗家陣的書市唔少，起碼有番啲生氣，何況內容涉及魑魅魍魎、仙佛神靈，在今日的香港就一定更有認同感、叫座力！

周樹佳

自序——中外鬼神大不同

中國（東方諸國）與西方（英、美耶教國家為主）的「鬼神」基本兩碼子事。（一神教不同意此說）

中國的「鬼神觀」：原始的人死了，便「到」了另一處空間（黃泉、九泉、幽間、幽冥、陰間等等），而處於此另一空間的物體，稱之曰「鬼」。「人死曰鬼，鬼者歸也。」（猶太教、耶教亦如是）甚麼「信者可永生」，未終審，言之過早。佛教傳入後，始有「地獄」的觀念，留意：「獄」有懲罰及定罪之意。「鬼」的定義，才依據佛家所言，投胎轉世之前便是「鬼」。（密宗之中陰身不是「鬼」也）

基督教傳入後，「鬼」又依據耶教的定義重新流行起來。耶穌重臨之前，死去的人之「靈魂」，便在陰間等候最後及最公正審判，不信的人罪已定了，與魔鬼王撒旦，同歸「耶教地獄」。此與佛教、道教「地獄」不同，信者，可在審訊後上「耶教天堂」。（耶佛二教之天堂、地獄大不同的。）

現在，我說的「鬼」，不再是老祖宗（中國）的「鬼」了。「神」也是。中國的「神」，不是耶教的God，（大寫G），又不是god。其實「中國神鬼」同是一樣東西。神者，也是鬼。（「六神無主」，「舉頭三尺有神靈」的「中國神」呀）大家不要驚訝，中國之「神」便是如此。

中國固有之「鬼」，也在文學及影視中大大誇張了能力，令到衝突性強大許多，增加可觀性，卻錯誤引導受眾以為「鬼」具有超自然能力。除了宗教力量，只有強大超自然力量堪可制服。之外，別無收服能力。這是錯誤及想當然的呀。漢代王充說「鬼神」，否定了靈魂及輪迴之說，人死如燈滅。只能掌握當下。孔子亦言：「鬼神敬而遠之」，不可知其究竟，不理會、不追求答案是最佳的面對方法。時至今天，仍是至理名言也。如是，鬼神之說，普世之中，亦大致分為中國民間、民間宗教；佛教、道教及耶教（其他如回教等不論）。本文只討論：中國民間宗教之「鬼神」；亦先討論

「中國之女神」及「中國之財神」而已。

先介紹「女神」們：

為甚麼要製造女神？尤其母系社會之後，進入性別分工年代，開始至今的「男尊女卑」生活模式！無論上至君主，下至販夫走卒；士人大夫（讀書人）或江湖魯漢，皆皆如是。然而，大多數宗教都不缺少「女神」，為甚麼在男性獨尊的社會裏，女性神往往比某些男性神更有「威力」？為甚麼各種宗教都注重「女神」耶？

信徒不論性別，都敬仰「女神」，這與（潛意識）崇拜他們的母親感情有關！

每人都有母親，大部份人（動物）都對母親有依戀性，這是因為母親懷孕期中，胎兒在母體中生茁壯的骨肉相連關係。母子的感情從此不可磨滅！宗教中的女神，大有「親生母親」的形象，有濃厚的天生保護力、愛護力，信眾感覺自己就是「胎兒」，在母體中被「母愛」包圍，受到保護，母愛之無限威力比任何神力都強大。

耶教（天主教）的聖母瑪利亞，佛教、道教、民間信仰等的觀音、媽祖、王母娘娘等都是「母親形象」，無一不是保護及愛護的象徵。人們敬拜這些女性，都按照倫常中的秩序，而其他中國民間的女神，都是與男女分工後的生產子女、照顧子女等天職有關，亦與「女為悅己者容」的觀念有關。至於「借庫」等與財產帶上關係，則是後來演變，並非設立女神之本意也。

女神亦代表了宗教上「慈悲」的大觀念。女性的形象一般都是慈祥的、溫柔的。正好補足了嚴肅的男神形象，祈求女性幫忙，說句好話，真的比較容易。這是人們心內的良好願望，令到宗教更易入世和親近俗民。設立女神的形象，並不是為了「平等」（任何一宗教都偏向權力，男尊女卑），但可引導女性篤信及晉教，女神之設，究有原因。

財神方面，大致如是，並請香港畫師娜歌妮、多倫多水彩大師曹念祖、小女劉遇之三位繪畫插圖，提高讀者興趣。

財神有文有武，武財神又以黑面玄壇至為多人拜，此人出生不太明顯，但與冥界（瘟疫）有關。且冥界很多神都是財神。另有「一見發財」之說。究竟為何？書中有詳說。

我在本書中分享俗世所傳的軼事、傳說、野史和成佛、仙的故事，並非寫嚴謹學術著作或做宗教研究；事實上，我很尊重不同宗教和民間信仰。只希望藉着本書與各方友好交流，分享閱讀樂趣，如有錯謬還請包涵，並歡迎指正。

目錄

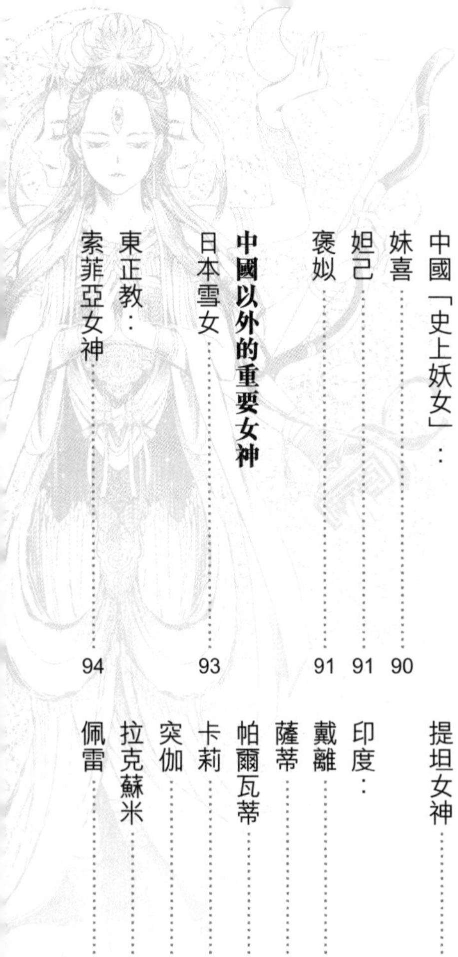

財神

女神

引言：大母神

根據人類學家、心理學家的研究，後世「女神」的原型乃母系氏族社會崇拜的原母神（大母神、地母神），並由此分化、派生出職能各異的眾「女神」來。

古時候人類生活艱難，具有生殖及孕育能力的原母神，既創造了天地萬物，也是拯救人類、確保世界得以繁衍的女英雄。

中國神話的女媧便有「創造人類、拯救人類」的描寫，與古希臘神話天后的赫拉有明顯差異，形態、造型及功能上都有差別。

出於對偉大母性力量的崇拜，不少民族都視女神為生命、光明的象徵，這種崇拜潛移默化地塑造出有關的文化與集體心理，例如中國民間女神信仰、西方的聖母崇拜。對信徒而言，她們充滿母性光輝、無私的庇佑慈心，有極大的救世能力。

中國人最多信仰、崇拜的女神是觀音。她（他）來自印度，華化後，成為最富有中國特色的神靈。

佛教、道教、民間信仰皆尊觀音為神（低佛一等，高羅漢一等之菩薩），觀音受到民間普遍信賴，各方面都可保佑。然而，傳說送子、開庫等功能亦在世俗化後產生了，且奇怪地成為慈善的模範，最初那種慈悲的榜樣反而不受關注。此外，原來佑民為主的女性母愛，如：天后、媽祖，亦有世俗化的改變，傾向保佑發財，甚至發橫財，這些被指謫為非理性的迷信，其實皆非她們的本來功能。

佛教鼓勵信眾歸於善者，一句「人人可以成佛」！「放下屠刀立地成佛」！為善之意向、行為，便有了大大的方向指導，不必只靠刑罰懲罪的恐怖地獄警惕人心歸善了。

至於天主教，聖母受人為的冊封、升級、定性等等後，達到「上帝的最親近的位置」，真羨煞凡人。任何凡人，以她為榜樣，都可以成聖人！聖母作為人類榜樣，她的服從、善良、母性……一切一切都令人產生信心，人人可以做到，信眾便覺得達成要求並不困難了。

新教攻擊天主教其中一點就是指天主教是「瑪利亞教」，聖母瑪利亞竟升格為「女神」。其實，聖母瑪利亞乃人所造就的，天主教只造了「聖人」而已。

人類造神，可以分成「民俗造神」和「宗教造神」兩類，前者通常先於後者。二者有時對立，整體而言多以彼此妥協——尤其宗教妥協——互相吸納收場。聖母崇拜就是極好的例證。即是說：先有「凡人入聖」的要求，再產生超級聖人（聖母），然後定性，創造出「聖母崇拜」的一切儀式；世俗化後，甚至出現顯現、治病等「神蹟」。幸而一切背後有教廷行政主導，不致墮落更俗化的「求子、求財」之中。

附：聖母為甚麼在世間顯現？她為甚麼是貞女？（曾有不貞者被處死。）

天主教的說法：聖母顯現的目的，大致可從三個方面理解：戒惡進德、禦災賜福、引升天堂。此輩固對天主的信仰，乃聖母崇拜的最終目的。

女性神最大特徵是聖潔，須是配偶神、母親神和處女神。作為配偶的女神，如王母娘娘主要是輔助配偶（東王公／玉帝），以及在配偶與信徒之間扮演緩衝或調節角色，譬如代信徒說好話。代說話是人性行為，其實是民間相信其妻、其女說一句強於人說十句。

母親神的特徵表現為母親的仁慈以及權威。觀音、天后都有強烈母性。

處女神的力量來源，便是潔淨！

明、清及歐洲中古禁慾時代，性慾觀念混淆了貪婪慾念，凡人以為性慾是破壞了潔淨的原始「惡」。對性慾壓抑，視為意志力的最頂點，相信壓抑其他慾念，總比壓抑性慾容易！這是錯配及誤解意志力與性慾的思想！然而，基於禁慾便潔淨，潔淨便神聖，神聖便具某種神秘力量的邏輯，這一直在男性中心社會上流傳！人創造女神時，可沒忘記這條誤區方程式！

中國著名女神

王母娘娘

對王母娘娘，大家的印象多源於《西遊記》前七回：雍容婦人，約四十多歲，慈祥和藹。大聖爺孫悟空在天宮蟠桃宴取下三千年結果之壽桃，「骨」聲吞下；王母縱大，奈他（還調戲七仙女）如何？

據《酉陽雜俎．諾臯記上》所載，西王母姓楊，諱回，住崑崙西北隅，以丁丑日死。一曰：婉妗。

最初，她掌管災難、疫病，《山海經》「西王母人身虎齒，豹尾蓬頭云云」，乃西王母，「西方白虎之神，非西王母之形也。」「西王母由混沌道氣中，西華至妙之氣結氣成形，厥姓侯氏，位配西方。」這就是西王母最早的來歷。此時賣相不佳，豹形虎齒，是有蛇身的兇獸（女神），十分驚人，且會傷人。殷商卜辭已有「西母」與蛇身女媧類似的獸形女神。

西王母可說是女神仙的總領班。

西王母本來賣相不佳，豹形虎齒。

漢後之王母名改為西王母、瑤池王母、王母，金母或者金母元君等等。此時已人形化，雖不是美女，但出落乃高貴婦人，是中國人崇拜之女神之一，封為「瑤池金母」。而羅教將她與無生老母（又名無極聖母）合稱「母娘」。

還有很多稱呼：「西王母」、「王母娘娘」、「西王金母」、「金母元君」、「西靈王母」、「九靈太妙龜山金母」、「西池極樂金慈聖母」、「白玉龜台九靈太真金母元君」、「無極瑤池大聖西王金母大天尊」、「天上王母娘娘大天尊」等等。全稱為「上聖白玉龜台九靈太真無極聖母瑤池大聖西王金母無上清靈元君統御群仙大天尊」，地位極高。

西王母身份眾多，《山海經》是預警女神，西漢《穆天子傳》她成了天帝之女，召見王帝，共醉於瑤池。世俗據神怪故事、戲曲、說書等皆言王母娘娘乃玉皇大帝之正室，又有說是「東王之后」，總之是仙界「女仙」的總領班，女神仙的首領。這是道教的封座。道家神仙族譜說：王母娘娘是嫁了神仙，她以皇后居身份，這點不置疑。晉《漢武帝內傳》記載她與漢武帝共飲，漢武帝獲贈仙桃。中國民間盛傳是桃乃不死藥，這便讓王母與「不死」帶上關係。很多人都渴望永生，殭屍，Vampires，Zombies 皆不死，但是美作家 Anna Rice 在大作 *Interview with Vampire* 中已點明：不死比死亡更慘，已失親友，誰可傾訴？中國人相信「神仙」永遠快樂，有何證據？

對中國的女神，大家都是求家宅平安的多，求賜至高無上的憐憫的少。民間向西王母祈願的種類包括賜子、家族興旺、遠遊平安、長壽、福祿、趨吉避凶、婚嫁美滿等。現在崇拜王母娘娘的廟不多，求者也少了。

現代王母像，已是慈眉善目了。

嫘祖是養蠶織布祖師爺。

嫘祖

又名累祖，《山海經》寫雷祖。西陵氏之女，軒轅黃帝的元妃（太太或小妾），發明養蠶抽絲之法。後世祀為先蠶，行業祖師神。她首倡婚嫁，母儀天下，福祉萬民，替炎、黃二帝開闢山野，功勞高，乃人文之始祖。後來皇后都效法她，每年象徵式養蠶織絲。

碧霞元君

又稱泰山娘娘，北方人叫娘娘，表示親切如姆母／母親，主責賜子。在農業社會，男丁長成後便是勞動力之源，添丁甚為重要（商業社則相反）。

碧霞元君又名泰山娘娘，在道教地位很高。

其身份傳説眾多，之一：東嶽大帝之女。之二：黃帝派遣七仙女迎訝西昆真人，她是此其中一位。之三：民女石玉葉修道而成。之四：華山玉女。

到宋朝，宋真宗封她正式為神，名稱包括泰山娘娘、南方天妃、順懿夫人，主痓痘神（出痘可取嬰孩性命）。其祠位於泰山山頂，泰山為五嶽之首，而四個源起的傳説都捧高了她，她成為道教女神中至大的一位之一。

羲和

中國太陽神。中國人對太陽的崇拜沒有古希臘狂熱，她是「十日之母」，也有駕車，東出西歸乃常態。古希臘之太陽神是主神，奥林匹克十二主神之一。

何仙姑

又名何惠娘、何瓊、何秀姑、何香、宏慈妙法元君。一說為盛唐永州零陵人，另一說廣州增城人。道教八仙中唯一一位女性。容貌非凡，經常手持荷花，故雅稱何仙姑。

傳說何仙姑十三歲時，入山採茶，巧遇仙人呂洞賓，獲賜仙桃（或仙棗）、雲母粉，食之成仙。（神仙的傳說多白日飛仙）另一說：父母要她出嫁，秀姑寧死不肯，於八月初八投井自殺。當時只穿一隻鞋，另一隻留在井台上。因井與河相通，屍首從福建莆田的江河漂出。（登仙去耶？）

何仙姑兼具仙女、道姑和女巫三重身份。（巫非貶義，有超自然力可施者）師承呂洞賓，又有相傳何仙姑應鐵拐李之邀，在石筍山位列八仙。

據聞仙姑還在唐代宗大曆年間在故鄉小樓現身，在西園寺一棵荔枝樹下乘涼，把綠綢腰帶掛在樹上。此樹所結的荔枝均有一條綠

何仙姑是道教八仙唯一女性，貌美如花。

帶圍邊，即增城著名的「掛綠荔枝」，甚為名貴，曾在港展出，轟動一時。（何仙姑神話只能信半成）

附：

八仙是哪八仙？這在明末年間《東遊記》才有文字記載。之前各有各說，不能統一。

鐵拐李，別名李鐵拐。張果老，別名廣宗道人。鍾離權，別名漢鍾離。何仙姑，別名何惠娘。藍采和，別名許傑。呂洞賓，別名呂岩。韓湘子，別名韓仙。曹國舅，別名曹佾。

八仙的故事，以「八仙渡海，各展神通」最為著名。香港也有供奉八仙的廟，個別供奉者（何仙姑）有大角咀洪聖殿、南涌天后廟，主求家產平安。

古典文學中的何仙姑。

天后

又稱天妃、天上聖母、媽祖、娘媽、蓬萊媽或亞媽。真有其人，父親名林惟慤、母親王氏，原名林默（因為她少時不説話，故叫默娘）。傳説喜誦經禮佛，能預測天氣，拯救了不少出海漁民，後於福建湄州一山峰羽化登仙，成為佛道神話、民間信仰之神。

昔日香港水上運輸任重，故要拜保水上安全之天后。除止息風暴外，其他請求也靈驗，日漸成為南中國最多人拜祭之神廟，有名「天妃」、「聖母」。中國「聖母」不同耶教（天主教）對聖母之崇拜，耶教是「人類耶穌之生母」。此説一至三世紀神學教父中存有很多爭論，最後定性為：可以為信眾代禱的聖人，即是她有「牙力」能為向她祈求的人類説話，向天主進言，可謂高其他「聖人」一等。天妃保佑水上作業者，只在施法保佑，沒有代言，代講説好話之能力。

香港天后廟甚多，例如銅鑼灣的古廟，而鯉魚門海港入口之大

能預測天氣的天后，是航運業守護神。

天后誕已列入「非物質傳統文化」。

廟，每年均有慶祝，成為新聞（吳宇森之名片《英雄本色》曾在此拍攝）。廟內一般天后旁都有「順風耳」、「千里眼」兩小鬼相助。

澳門亦有與媽祖有關之傳說，相傳最初外人上岸，問詢本地人，這地方叫甚麼名字？此地剛是媽祖廟，土人不知說甚麼，答曰：「乜×呀？」故以 Macau 立名。此乃誤傳之小道了（實來自台灣語的）。

近年，聯合國將天后誕歸入「非物質傳統文化」。

觀音大士

又稱觀音、觀世音菩薩，觀音佛祖。早期佛經多譯自梵語「Avalokiteśvara」，為「闚音」、「現音聲」、「觀自在菩薩」。後譯「光世音菩薩」，再為「觀世音菩薩」。因唐朝李世民為皇帝，避諱「世」字，稱觀音而已。乃佛教、道教、民間宗教、民間信仰的神靈，各有說法。

從佛教說：來自遠古。發大慈悲心，普渡眾生，救苦救難。注意「普渡」二字，即救助一切人類，不管信仰、膚色、貧富、智愚。難得。

從道教說：稱慈航真人、觀音娘娘。「慈航」二字表示「載人啟航」。又名：白衣觀音，白衣大士，觀音媽。

從民間說：家堂五神（觀音、天上聖母、關公、福德、灶君）之一，乃五神之至尊。台灣人稱之觀音佛祖、觀音媽、觀音娘娘。

觀音來歷有四，其一：蓮華（音：花）菩薩，前身是印度古老的「蓮華女神」，佛家主張她有三十二種化身（一說三十三種，包括男相）。其二：波斯的女性水神 Anāhita。其三：印度佛教為印度教吸收之後，觀世音菩薩成為印度教的女神，諸如近難母。其四：坊間小說（以及無綫劇集），稱其為善心之「妙善公主」，得道為菩薩而救眾生。

總的來說，她代表對人民的解救，源於慈悲憐憫之心。各派系尊崇她「為眾人之心」，並不為求財、不求利己，而是無私之自我貢獻，乃大家該學習之榜樣。除了中國，日本、泰國、馬來西亞、金門、越南、馬祖列島、新加坡、南洋都拜觀音，建廟無數。觀音「顯靈」故事不少，香港常有人攝得「觀音出現天空」之象；紅磡觀音廟在美機大炸時絲毫無損，人稱觀音顯靈。

觀音之形象

白衣觀音：較為人熟知，女性身。按中國儒家文化，不將「女性性特徵」表現入尊像之中，不凸顯女性身體的胸乳。

觀音有各種化身，其中包括男相。

繪畫會為白衣觀音加兩撇鬍子，變性為男性（我在敦煌某洞中見過有關壁畫）。

印度本土觀音沒有男相，相較於此，藏傳佛教則是忠實的將女尊形象表現出來。暗喻女性可成佛。

觀世音菩薩的慈母形象非常顯著，尊稱為「觀音媽」、「觀音娘娘」，觀世音菩薩過去早已成佛，只是化現為菩薩，才穿着白衣，濟世救人，故台灣善信尊稱為「觀音佛祖」。至於化身之面燃大士（中元節鬼王）負責救渡、布施流浪在陽間的亡魂。

鎖骨觀音：傳說有馬姓男子性喜騎射，嗜殺無度。一日，市街上有一美人，要求眾人信佛，不再殺生，並表示誰能背佛經，她願下嫁。馬生成功，惟成親之夜美女死去。馬郎甚哀，殮之。啟棺時，美女遺體不見，只留下一張觀音菩薩之畫像。人稱美女為觀音菩薩化身，是謂「馬郎婦觀音」。另說屍骨已然不見，唯鎖骨尚存，是為「鎖骨觀音」。

四臂觀音、馬頭明王觀音：出自藏傳佛教。其中馬頭明王觀音，有說她得道前為小馬。此相貌十分兇猛，有別於慈祥面目，乃伏魔除妖之相。

送子觀音：所有經籍均無此相及此項任務。後人加添其功能，大發慈悲而已。

借庫傳說

傳說觀音修道期間，五百護法羅漢考驗其修行，化緣討飯，觀音大開倉庫，給和尚享用齋菜，其餘留給到訪善信。此乃民間傳說，化為善信到觀音廟酬神、借庫之宗教活動。後又演變成「借庫」，即借錢。據《如意輪陀羅尼經》，修持如意輪觀音法可「攝化有情富貴資財」，民間一知半解，以為觀音可以開庫資助，可以「求財」，實在誤解了。任何正當信仰，皆不會鼓勵不勞而獲的。緊記。

一般而言，借庫日設生菜會，赴會者除在田野上席地而坐吃生菜外，還唱八音，演神功戲。現場設水池，內置摸蜆等工作，任由女性摸取。民間認為女性摸到螺可生子，摸到蜆則生女。

二零二一年農曆正月廿六開庫（西曆三月八日晚上十一點至三月九日晚上十點五十九分），疫情關係改為直播借庫。

附：觀音左右侍從

招財童子

小農社會，招財進寶、發財致富象徵。他變成財神的配神，源於民間剪紙抓錢娃娃，成招財童子的吉祥年畫，家中懸掛。

有人認為前身是佛教中的菩薩「善財童子」。善財童子擁有無數財寶，卻認為萬物皆空，並發誓修行成佛，學道於普賢菩薩。後觀音以大浪試探之，勸其「回頭是岸」。善財童子不改初心，得觀音教化成為菩薩，身為童子，為觀世音左脅侍（或脅士，位於兩脅者，觀世音的右脅侍是龍女）。世人認為他是「招財童子」，拜之，不知他認為萬物皆空也。

有說招財童子前身是菩薩善財童子。圖中左為招財，右為進寶。

龍女

即那伽龍女。那伽本是印度之眼鏡蛇，中譯為「龍」。她乃龍王三女兒，叫「善女龍王」。

龍女八歲已善根成熟，能悟道。她遇文殊講經後修《法華經》，取下身上寶物供養佛陀，忽變男子後得道。（世俗說只有男子可得道）得道與性別無關，但是龍女依然屬畜生道（蛇），故「龍女成佛」受阻。幸《法華經》的威力巨大，開示了「法無定法」：眾生皆能成佛之意，卒為觀音收為右脅侍，世稱一對「金童玉女」，實與求財無關。

龍女又名善女龍王，實為眼鏡蛇。

綠度母

全稱聖救度佛母。

傳說綠度母和白度母乃觀音菩薩的兩滴眼淚所化。左眼淚變現出白度母，右眼的眼淚變現出綠度母。藏地認為尼泊爾的赤尊公主是白度母的化身，而漢族的文成公主是綠度母的化身；另一種說法是前者為綠度母化身，後者為白度母化身。藏傳佛教有多種化說。

度母化身眾多，綠度母總攝其餘二十尊化身之所有功德，能救八苦難，故稱救八難度母。助人將貪嗔癡等轉為圓滿智慧，解脱生死苦海，且護持婦孺的功德。

斗母

斗姥元君，又稱斗姥天尊、先天道姥天尊、北斗九真聖德天后、中天梵氣斗姥元君，以及全稱的「先天斗姥紫光金尊摩利支天

斗母是北斗眾星之母，地位崇高。

大聖圓明道姥天尊」。

初為婆羅門教的摩利支天，唐朝以前傳入中國後為道教所吸納，尊為「斗姥」。是北斗眾星之母，地位崇高，與西王母同級。

北斗群星遠看似斗形，在北半球北方，可助定位，故借用為「指示者」。斗母人格化後遂成慈母形象，生化各星。這種以一顆星轉化成「仙」的情況，道教很多例子。這亦反映古人星宿崇拜的情況。

地姆

后土娘娘，又稱地母元君。指女媧，又稱承天效法厚德光大后土皇地祇，與玉帝、天皇、紫微、長生、青華合稱六御。大地之母，掌管生死（王母娘娘只掌生育），又兼造化權、美化人間的權利，故又是美神。《神仙後傳》記載能令人長壽、且度人向善、可修身悟性，並且普傳靈音、給奉為地藏王奶奶。

造化要考慮美，所以地姆也是美神。

九天玄女

又稱九天玄姆、九天玄女娘娘、九天娘娘。道教神、民間傳説的女神，能引發地震。製香業奉為守護神，尊稱香媽。同時，為女性的生殖崇拜、性學祖師。玄女與素女是房中術的老前輩，彭祖還是她的學生。玄素之道（中國房中術）中，玄女居於首位。這令人驚奇呀，原來中國的房中術始祖是女性。

九天玄女初為人頭鳥身，《山海經．西山經》：「有鳥焉，其狀如雄雞而人面。」「有鳥焉，其狀如梟（貓頭鷹），人面而一足。」曾助黃帝打敗蚩尤。《墉城集仙錄》記載黃帝首戰敗後，西王母遣九天玄女給黃帝助陣，賜予符咒，又製造夔牛鼓八十面，終消滅了蚩尤，平定四方。

《山海經》中的九天玄女，人頭鳥身。

九天玄女是能引發地震的女神。

（有認為黃帝、蚩尤之戰係兩大族群之戰，漢族打勝而苗族失敗。）

九天玄女勝利後，獲得上天賜與三卷兵書。其中描寫九天玄女的相貌，已從人首鳥身完全蛻變成一位擁有絕世美貌、替天行道的女仙形象。

九天玄女也是房中術始祖，「翻雲覆雨」吶。

女媧

又名媧（音娃）皇、女希氏、女媧娘娘。人類之母。傳原為上古首領，後來成為「中國做人」的始祖神（不是耶教上帝做人的）。有記載：女媧，人首蛇身（龍身）。摶土為人、煉石補天、殺黑龍，濟冀州、斷巨鰲，立四極、積蘆灰，止洪水（非耶教滅世洪水）、發明笙簧，天穹。是傘之職業神，和創設男女婚姻制度等等。做人與補天功勞至大。亦是道教的神靈。女媧雖做人，卻不是主神。與重「創造論」之耶教不同，中國神話、（道、佛）神譜中，做人不太重要。成佛、成仙人更重要，故不是主神。

有人相信九天玄女與女媧為同一神祇，另有地母及驪山老母等實為女媧一說，民間杜撰而生。

記一事：澳門通往大三巴途中，遇上女媧廟，乃港、澳民間宗教廟宇。入內訪問，不見供奉女媧

《山海經》的女媧，徹底的蛇身但有人的手，奇妙。

驪山老母傳說眾多，身份眾說紛紜；
唯一不變的是在民間信仰中極具影響力。

大像，後來台灣善信送來女媧小像供奉。現在的大門從前是側門。廟祝說此廟被人佔領過。上二樓，反而有豬八戒像，成為娼妓神，有女人祭拜。

附：乳飲娘娘

女媧與伏羲所生的七位女兒之一，供奉於奶奶廟。奶奶廟內的七位娘娘有：子孫聖母育德廣胤元君、送生娘娘錫慶保產元君、培始娘娘立毓穩形元君、催生娘娘順慶保幼元君、斑疹娘娘葆和慈幼元君、引蒙娘娘通穎導幼元君、乳飲娘娘哺待養幼元君。分別負責授精、成形、胎教、順產、優育、保健、啟蒙。

奶奶廟即苗裔堂，圖為乳飲娘娘。

九尾狐

古代以狐仙為五仙之首，五仙者：狐、蛇、刺蝟、鼠、黃鼠狼，是五種常見小動物。亦有豢狗的誤把狐狸作狗。養狸為患。

九尾狐本是《山海經》中一隻幻獸，現在一說到「狐狸精」，何以想到勾男人的奸女人？我們先看祂的本來面目：「青丘之山，其陽多玉，其陰多青雘。有獸焉，其狀如狐而九尾，其音如嬰兒，能食人，食者不蠱。」本身也是兇獸，十分兇殘。

《海外東經》寫道：「青丘國在其北，其狐四足九尾。」《大荒東經》也提到：「青丘之國，有狐，九尾。」這種幻獸樣子可愛，但十分兇狠。

再而，九尾狐就和愛情、婚姻掛上關係。《詩經．有狐》以流浪的狐狸比喻失意的愛情。漢代《白虎通義》將狐當作預示子孫繁息的德獸，形象親善許多。然而，後有小說寫蘇妲己變成九尾狐，瑞獸便變成禍國殃民的禍水紅顏。到了唐朝，流行「狐神」，有「天

現代九尾狐的形象不免妖冶。

狐崇拜」之舉。這種崇拜變了質，是有妖性的。當時中國和日本交流非常密切，九尾狐隨之傳到日本，日本人給牠取了新名字：玉藻前，自此成為日本三大妖怪之一。宋、元後，此物被小說家寫為「九尾金毛狐子」，更加妖化了，有貶女性作用。

但是，也有人因恐懼而拜祭祂。香港有「傳說」，祂出現於鬧市銅鑼灣某大廈雲石中，又施法力陷害小童，後傳被收入木製觀音像中。神話耳。現在，九尾狐、狐狸精已成鄙視女性的日常語了。

百花仙子、百草仙子、百果仙子、百穀仙子

通通都是女神仙，管理天上人間的花卉。傳說武則天命令寒冬百花仍須齊放不果，負責花卉的女仙因而受貶斥至凡間，經歷劫數，修成正果，始回返天庭。

求福之信眾，多是求美貌、求凍齡，或求嫁得好郎君。

金花娘娘

又名：金花夫人、金花聖母，送子娘娘。

明代傳說金花夫人係廣州人，職業為巫，青靚獨身，能通鬼神（神仙多為處女？）。後淹斃，無腐衰屍體，遺有異香，成人形香木。為人奉為神仙，刻像立祠。向她祈子甚驗，香火鼎盛。（求子乃古時婦女的首要關注）傳說除月老、和合二仙之外，向金花娘娘求姻緣及夫妻和合必可得焉。

中國求子女神頗多，金花娘娘是其中一位。

注生娘娘

又稱注生媽，主管懷孕、生產、復孕，乃懷孕婦女之信仰寄託。左手執簿本，右手持筆，記錄子嗣之事。

其從神（脅侍）名為婆祖、鳥母、婆姊、婆者、婆姐。她們輔佐注生娘娘保佑婦女護產、安胎，區分所送子嗣之賢愚。又有配祀「花公」、「花婆」，保護象徵子嗣的紅、白花，乃兒童的保護神。婆姐、花公、花婆這些神祇，也是臨水夫人、七姐等女神（婦幼保護神）的輔佐者。

花婆是注生娘娘從神，專責守護兒童。

十二奶娘，一條龍服務。

十二奶娘

又名「子孫娘娘」，金花娘娘的助手，保護小孩。在澳門發現供奉十二奶娘之神廟，有十二位中年婦女仙像，分別為：血光羊孕夫人、攬腰教企夫人、根基保養夫人、淋瀨花枝夫人、臨盆保枝夫人、白花送子夫人、保胎羊孕夫人、嬌媳奶乳夫人、扶產血光夫人、含茶嚼飯夫人、栽花剪葉夫人和添根保養夫人。

又據記：廣州金花廟內又供奉二十奶娘：保痘夫人、梳洗夫人、教食夫人、白花夫人、養育夫人、血刃夫人、轉花夫人、送子夫人、大笑姑婆、剪花夫人、紅花夫人、小笑姑婆、羊刃夫人、瀨花夫人、保胎夫人、教飲夫人、教行夫人、腰抱夫人、栽花夫人、送花夫人。（大笑姑婆之花名由來）

奶娘手抱嬰兒，分工細緻。從投胎、懷胎、定男女、保胎、分娩、養育、吃喝、梳洗、學行，式式都有！求子的婦女會為最喜歡的神像繫上紅繩，祈盼所抱小孩託生。亦有母親希望神力可令孩子平安。

當年生兒育女、將之養大成人真是辛苦，所謂「眠乾睡濕」。中國農村社會，生養是宗大事難事，宗教、民間故設有「神仙」幫助。十二奶娘是中國婦女精神上的支持者。

鬼子母

訶利帝母，本是夜叉（佛教中使女惡人）或鬼道神靈，後成為護法，二十四天人之一。又名「歡喜母」。

傳說佛祖時代，鬼子母養活幾乎一萬個子女。但祂在人間為患，專殺害嬰孩以補充營養。釋迦便施展神力，拐走她的子女。孩子不見了，她四處尋找，無法找到，向佛祖求救。佛祖開出條件要她誓願永不加害嬰孩，才把她的孩子放出來。鬼子母答應了，再成正果，護持佛法，成為婦女、兒童保護神。

據說求助鬼子母神相當靈驗，凡有疾病、及不育者，饗食薦之，咸皆遂願。五十多年前，生育何其難呀！

鬼子母從「連環殺嬰犯」變為孩童守護神，放下屠刀典範。

附：張高二真人

張仙，道教稱為桂宮廣應善利育嗣賜子真君，能賜世人後嗣，類似送子娘娘、金花夫人、鬼子母神。與降生神仙高員齊名，合稱張、高二真人。

造型是一手持鈴鼓，一手牽小兒；或彈琵琶，或手持彈弓。據說彈弓用於驅逐天狗，以保護小朋友。

另一位高元帥、高天君是一名道士、醫生，羽化之後成為賜子之神，亦為兒童守護神。

妙應仙妃

廣澤尊王郭聖王之妻。

本名伊娘，東晉人。容貌絕美，求婚者眾但芳心未動。某日赴靈山寺，見郭聖王造像，一見傾心。後赴溪邊，隨水漂來一金釵，

妙應仙妃與郭聖王的愛情故事很有名。

乃郭聖王定情之物。後於夢中與一白衣少年相遇，剪下其衣一角，證明與聖王造像的龍衣相同，感與這白衣美男子（真仙子）有緣，遂嫁之。此白衣少年就是廟中仙人郭聖王化身。

求妙應仙妃的信徒多家中疾苦欲得解救，萬試萬靈云。而妙應仙妃有駕前部將，分別是鳳凰仙姑與鳳意仙姑。

鳳凰仙姑是妙應仙妃駕前部將之一。

七娘娘

又稱七星媽、七娘媽或七星夫人、七仙女。台灣在地神。

相傳七夕前夕有七隻白鶴停在雲林縣水林鄉一棵榕樹上，隔天才飛走。地方相傳是七娘媽顯靈，村民遂以榕樹幹雕刻七尊神像供奉。為孩童的守護神。大娘保佑風調雨順，二娘負責家宅平安，三四娘庇護孩童成長，五娘負責學業和事業，六娘保身體健康，七娘主管愛情姻緣。樣樣齊全也。

又，一說七星媽特指七姐織女。此說七姐傳為玉帝孫女，與星宿崇拜有關，乃中國拜星座（人格神）之一。織女星由三枚星組成，看上去是等邊三角形，與牽牛星座相對，因而產生浪漫的神話。相傳七姐下凡，愛上了看牛郎，被罰與

七娘娘在台灣香火甚盛。

他（及社會）相隔，每年農曆七月七日，鵲鳥搭橋才能相見。神話喻：顛覆男女（女方還主動）之愛情自主主義。

有問七夕有拜七娘媽嗎？現在科學進步，手作工少，巧工手作需求更少，拜七姐望得巧工已絕少。

姚大聖母

傳說清咸豐年間，廣東一名姚姓少女不幸被污辱，跳崖自盡，屍首隨水漂至石壩三嘉村，漁民撈起安葬，自此漁獲甚豐云云。後以其一片指甲建祠，名曰「烈女祠」，受御賜「姚烈女」牌坊，成為當地守護神，善信都來問卜和醫病。香港亦有此廟。

馮、張、何仙姐

傳說乃香港客家的仙人組合。

馮仙姑是明朝人，受惡霸逼婚，雷公欲助，但來遲了，最後她在山洞中坐化了（坐善沒痛苦沒病而亡）。有人建廟，以「雷鳴庵」紀之。張、何二仙姑身世不詳。

三女皆閨女得道，同祠。成為客家人求佑、問一般吉凶之仙娘。

八寶公主

這位外國女神都算奇怪，身為外國女流，居然成為中國民間女神。

故事：很久之前，荷蘭公主瑪格麗特為尋找愛人，遠途乘「羅發號」到未開發的台灣。船隻在大灣觸礁，船員發煙火訊號求救，引來土著不解而襲擊，此女遇害。殺她的土著，為了顏面及炫耀，劫走她身上八樣物品，故謂之「八寶公主」。

一九三四年，她向漁民託夢（究竟真假？）想返回荷蘭，希望居民造一艘小船助行。居民照辦，船出發後，她又託夢説要留在台灣，庇佑當地居民。居民於是建廟以為紀念。

該廟位於墾丁海灘附近，當地人俗稱「八寶公主廟」。內裏有一幅寫有「荷公主女」之橫聯。一九八一年重修，成為一座「三合一」廟，主位拜應公，一旁拜土地，一旁安放八寶公主（八寶公主像穿着戲服，非荷蘭服裝）。史冊未記載此事，但羅發號確曾受番人攻擊，疑所謂荷蘭八寶公主，是船長 Hunt 的夫人云。

八寶公主本是荷蘭人，在中國民間傳說可謂別樹一幟。

三聖母

別稱華嶽三娘、華嶽聖母、華嶽神女。並非三位女士。尊奉為造福女神，主司婚戀。

傳說是華山神金天王（即西嶽大帝）的三女兒。《寶蓮燈》載，她在華山偶遇落第書生劉彥昌，與之結為夫妻，生下一子，名沉香（大家熟故事吧）。此段婚姻，三聖母觸犯了天條，被兄長二郎神鎮壓於華山的蓮花峰下。沉香長大後，拜霹靂大仙為師，戰勝舅舅，以神斧劈開華山，救出母親，一家團圓。

當地百姓禮拜三聖母，常求國泰民安，風調雨順，五穀豐登。

三聖母因民間故事《寶蓮燈》廣為人所熟悉。

三姑六婆

三姑指尼姑、道姑、卦姑。六婆指牙婆、媒婆、虔婆、藥婆、師婆、穩婆。

均是非高尚職業的婦女，受歧視，後用比喻喜歡搬弄是非的婦女，亦泛指迷信與不務正業的女性。出自陶宗儀《輟耕錄·三姑六婆篇》。

六婆是專業名，一人可以身兼數職。牙婆即牙人，包括賊匪拐子婆。媒婆負責介紹姻親。師婆是請神問命的女巫（有超人力量的女人）。虔婆是龜婆（靠妓女為生）。藥婆賣藥。穩婆接生。古時大家閨秀不出大門，三姑六婆來教她們好的，也教她們壞的；《水滸傳》淫媒黃婆乃其類。

六婆中較特別是師婆。她替客戶求福、禳

三姑六婆現在成了不務正業、愛搬弄是非的女性的代名詞。上圖是三姑，左頁是六婆之一的牙婆。

災、畫符、唸咒、求卜等，可讓鬼神（只限中國）附身，還能通靈。商周有負責祭祀、卜筮等工作（巫覡）的官員。春秋戰國時，巫術盛行（並非西方巫婆之黑巫術，有東方超自然力，不一定來自鬼魂）。

漢獨尊儒術後，受孔門「不語怪、力、亂、神」以及「未能事人，焉能事鬼」觀念影響，巫覡不再具官方地位，走向民間，如今日之巫術診病、問米等。唐宋後在長江流域發展。中國巫術制度化，成為道家一部份，現在於廣東及港、澳稱為問米婆，在台灣則演變成乩童。中國的巫覡與西方有異同，將來有機會再講及。

太陰星君

又名太陰娘娘、常羲、月神，十二個月之母，俗稱月姑。全稱上清月府黃華素曜元精聖后太陰皇君、月宮黃華素曜元精聖后太陰元君、太陰元君孝道明王靈寶淨明黃素天尊。道教月亮女神，不似希臘月神崇高地位。

民間一說太陰星君是嫦娥，另一說是帝俊之妻常羲。嫦娥乃神射手后羿之妻。后羿得西王母長生不老藥，嫦娥偷吃，後升天而去，常住月宮，就成了月神娘娘。常羲則為帝俊之妻，生下十二個月亮，故為月亮女神。出於《山海經．大荒西經》：「月女子方浴月。帝俊妻常羲，生月十有二，此始浴之。」

相傳掌管桃花運，拜祭者可祈求內緣、外緣。太陰也是貴人的象徵，可在中秋祈求貴人相助。唐代中秋便流行「拜月」，由此衍生「月亮占候」、「摸秋送瓜」等風俗。宋代亦有「玩月」活動，古時多由女性祭拜。

附：望舒，見《離騷》，乃駕月車之神。又喻月亮。

也許老百姓太憐惜嫦娥，才有嫦娥是太陰星君的傳説。

五華師母

傳說上世紀九十年代初於香港仔下凡的女神祇（香港亦有其他道教神仙下凡顯聖的）。來歷不詳，相傳可附人身說話，擅長治病。香港仔石排灣建有神廟，坊眾求醫。

禾穀夫人

自然神。廣東中山地區稱穀神為「禾穀夫人」。屈大均《廣東新語．禾穀夫人》：香山村落，多祀禾穀夫人。有說后稷之母姜嫄便是禾穀夫人。

李靈仙姐

香港地方神祇。有一次率隊遊港島的最古老鄉村之一薄扶林村（古名薄鳧林），看見村內古老塔廟供奉了一位「神仙姐姐」，李靈仙姐。

故老相傳：百年前，此村居民晚上都聽到鬼叫，騷擾村民太甚，且愈來愈兇，愈來愈可怕。村中出現了一位仙姐，可以克服眾兇鬼怪（沒有記載如何克服）。最後，大吉大利，眾魔消失，村內回復平靜，村民紀念恩仙，便建此塔以記。

塔高二米，兩層。（發現紀年為一九一三）我曾入內，幾不可轉身。上供奉了李靈仙姐神位，據說逢生日必有大祭。平日遊村者，必赴此塔觀光。查別處皆無李靈仙姐供奉，傳救薄扶林村村民者，未知有也。

另說，李靈仙姐乃妙齡少女，少年無醜婦，定具姿色。未具面目見人，奇哉！

很多神仙、民間救星都是美貌男女，恐怕係「相由心生」，必然漂亮。西方之聖母馬利亞，規定必畫其少年時（十八歲）之形象，必然是溫柔貞節少女，哪怕耶穌受難時，她已過五十焉。

李靈仙姐不具貌，形象在人想像中更是可人了。

花粉夫人

有說是保護兒童之女神仙（魯金研究）。主保佑女性年輕貌美。相傳本是歌姬，深得同行女性愛戴：花容增美懿，粉面妍嬌顏。現在有人推展、引申成保人緣、觀眾緣，故有藝人拜祭。

珍珠娘娘

相傳有一顆靈珠，通天教主點化成人身（不經交配而成人，與聖母同樣），幻化成三位少女，頭戴鳳冠，身穿紅袍，典雅端莊。名字為雲霄、瓊霄和碧霄。中國北方稱三霄娘娘，潮汕地區則稱珍珠娘娘。

珍珠娘娘知恩圖報，拜天為父，拜地為母，拜三清和九天玄女為師，盡得傳授法術，乃道教及民間宗教的神仙，能助民間百姓，尤其婦孺。珍珠娘娘曾顯聖救助潮汕孩童免天花、水痘、麻疹等童病（斯時可病死的）。後封三仙娘娘為輔國庇民保嬰護童大慈司疹靈顯珍珠娘娘、珍珠娘娘、寶珠娘娘，分管天花、水痘、麻疹。

桃花仙姐

有云「命帶桃花」，指對異性吸引力（不一定貌美），多是貶義，要還「花債」，遭桃花劫。然而，桃花不一定是糊塗之情慾，是人緣、異性緣、合眼缘的總釋。「緣」，真難解也，故此，有人相信乃冥冥中注定。桃花仙姐便是上天派到人間主理緣之神仙。香港藝能界最重視有觀眾緣，故有廟供奉。

附：「花債」古時以男性為中心，傳說上世欠了的感情和肉身債，今世要償還，多是女性還給男性。「桃花劫」是一種災禍、劫數，因情慾而起，有時惹來殺身之大禍。

龍母

中國南方拜祭的神靈，原形為百越的一位女首領（並非《權力的遊戲》中女角，而是先秦的歷史人物）。父親溫天瑞，廣西梧州市藤縣人；母親姓梁，廣東德慶縣悦城人。龍母生於戰國的楚國，在木盆漂流到悦城，仙逝後葬於此。

傳說她自少立下誓言要利澤天下，為老百姓做好事。神仙有預知人間禍福本領，她不學而精通各種醫術，救死扶傷，全為鄉里。斯時，各種瘟疾、災害令大地瘡痍滿目，餓殍遍野。她拾一奇蛋，生出五條小龍，龍有感於養育之恩，皆銜魚類孝敬、幫助她治水災、旱災、蟲災和官災。她戰勝天災人禍，令老百姓安居、繁衍，故深受擁戴。百姓尊稱她為龍母，後建龍母廟，年年祭祀，祈求風調雨順，國泰民安。龍母可謂弘揚中華民族「龍」的精神，對保護、宣揚母愛有積極意義。

大吉祥天女

又名即善天女、功德天。財神。傳說她手持蓮花，貌美，天神和阿修羅為她爭風。形象多為豐滿美女，面帶慈祥微笑。騎白色貓頭鷹或金翅鳥。佛教中為護法天神、功德天，乃被收入佛教中的神也。她也是印度教三主力神之一，濕婆之妻，下文有述。

白蛇

凡動物變化成白色，古人不知是病變，以為屬神化之變，如白虎、白鱷，都變得兇惡。《白蛇傳》的故事，戲曲、說書等耳熟能詳，含愛情、倫理、正邪等觀念。現只着重談白素貞身世之謎。

相傳白素貞是女媧娘娘親戚；又傳乃紫微星轉世父母為白曬和騰蛇，俱是女媧娘娘左右護法。她被法海鎮於雷峰塔下，仍得觀音菩薩、武財神等仙人幫助，最終得道成仙。

《白蛇傳》故事源自河南許家溝的傳説，是從連眉（女主角）配犢子（男主角）的愛情故事中演化而來，後改成蛇精妖女白素貞。青城山下白蛇修煉上千年，幻化人形，思凡而下嫁書生許仙。這是顛覆儒家設定之倫理觀，男女追求戀愛、婚姻自由的悲劇。

圖中人類之母女媧是人首蛇身。

歷史上，雷峰塔（粵曲有士林祭塔即此塔）乃五代十國的吳越國王錢俶紀念黃妃生子，所修建的供養得道之舍利的佛塔。原塔於一九二四年崩塌，僅存遺址。二零零二年原址重建新塔（考古發現有：珍貴佛經及純銀阿育王塔）。另外，「雷峰夕照」乃西湖十景之一。

孟婆

一說風神即孟婆。《山海經》：帝之女，遊於江中，出入必以風隨。一說她是幽冥之神，做非酒似酒之湯，使鬼魂飲之，而忘前生事情。又有說她生於前漢，能背誦佛經，故派為冥神。坊間她的形象多為五、六十歲老婆婆，向鬼魂餵飲孟婆湯，忘記前生。忘記，乃最佳之靈藥，可治百病。

另傳說孟婆與月老是情人，因相愛遭玉帝懲罰。孟婆變成醜老太婆，月老每一步都有荊棘刺破雙腳，彼岸花就是月老為追尋孟婆而流的鮮血所化。

月老孟婆，一個牽紅線，一個斷紅塵。

黃道婆

元明年間，有黃道婆廟，民間信仰她是紡織之神。

傳說她出身貧家，為道家婦女助養長大，學了種植棉花及紡織之術，發明紡車，發展成該地工業，惠及大眾。亦成紡織業祖師爺。

城隍奶奶（夫人）

城隍老爺（多由德高望重者擔任）之妻。老百姓求家宅平安，求子，求治病都拜奶奶。每位城隍都有太太，乃民間幻想而已。

每位城隍老爺背後都有一位城隍夫人。

女魃

女妖，《山海經》載黃帝之女，穿青衣，頭上無髮，能發出極強的熱和光。傳說於黃帝與蚩尤大戰中屢立奇功，幫助父親鏟除蚩尤。

亦是《詩經》《神異經》中能引發旱災的妖怪，吸盡一切風雨（打敗風師雨師）。多被人們詛咒和驅逐，因為農民最怕乾而無水份也。後來這種旱神流傳到日本，成為人們害怕的旱妖。又傳她是殭屍祖先，一切殭屍皆因乾涸天氣而成也。

附：最早中國之殭屍

《史記》最早記：僵尸千里，流血頃畝。《水經注》：僵尸倚窟，枯骨尚存，唯無膚髮矣，當是百年遺骨。《永樂大典》：古人立尸主意甚高，祭祀而立尸。

近日認為中國殭屍出於明、清筆記小說，而《山海經》早有記載，如劉向解讀給漢宣帝古屍乃「貳負之臣」，此乃殭屍也。

另一說即上文所言的女魃。清野史說，她的屍體隨入冥海（古有地獄觀念），遇到黃帝戰敗之大將贏勾，與之融合為一體，變成殭屍老祖焉。

切記不要混淆吸血鬼（Vampire）、喪屍（台灣譯殭屍）（Zombie），乃三種極之不相同之不死物（Undead）。

【中國「史上妖女」】

妺喜

據載，桀王發動大軍，攻打有施氏，施氏國君戰敗，獻牛羊馬、美女及親生女兒妺喜求和。妺喜為桀王的寵愛，滅亡夏朝。另一說，妺喜乃伊尹派到夏朝王宮的美人計，促使夏朝滅亡。

妺喜的形象從《史記》始，後人難於假託為忠良女人。何故稱女妖（紅顏禍水）？皆因妺喜貌美，桀驚為天人，對她寵愛。傳妺喜作男裝，佩劍戴冠，參與朝政，但她薄德。桀王每抱妺喜於膝上，任其所喜。妺喜縱情聲色、恣意享樂，桀王於是不理朝政。

又傳：妺喜愛聽撕裂絹帛聲音，桀為討好她，把大量絹帛撕碎。又造傾宮，築瑤台、象廊、玉床。卒之亡國。

妲己

史書載：她是有蘇氏諸侯的女兒，深得帝辛（紂王）喜愛，立為王后。紂王沉迷美色，荒廢朝政，為商朝滅亡主因。後世形容紂王、妲己「新淫之聲、北鄙之舞、靡靡之樂」，搜括百姓錢財，修建鹿台，置八方奇珍寶物，立酒池肉林，宮人裸形相逐其間，徹夜長飲，歡嬉達旦。然而，沒有人指摘紂王之錯。

褒姒

周幽王立美女褒姒為后，褒姒在《詩經》有長舌婦之號：「婦有長舌，維厲之階。亂匪降自天，生自婦人。」意思是，有個婦人長了長舌頭，這是禍根。亡國大亂非從天而降，而是這個婦人製造的。表示出女人為害政治。（「長舌婦」開始流傳。）

周幽王縱容褒姒，為要她展示笑容，不惜烽火戲諸侯。重蹈桀王寵妺喜以亡夏、紂王寵妲己以亡商的覆轍。但是《呂氏春秋》載的是「擊鼓戲諸侯」，只有《史記》記是「烽火戲諸侯」而已。

總的來說：此三女性被文人記載的都是女性妖人惑主，好色君主終因寵幸女人亡國。

她們皆為歷史上存在的「妖女」。男性主導下之社會，將亡國之罪推在女性身上，即紅顏禍水之說。

妺喜受到夏桀的寵愛，為夏朝滅亡之種；妲己為商紂寵愛，是商朝滅亡之種；最後一位君主，周幽王寵褒姒而周亡。都是女色所迷而亡。

中國以外的重要女神

日本雪女

很多日產電影都以傳統的日式妖怪，沒有笑容的絕代冷艷美女、雪女，為題材寫作的。此妖女身穿白色和服，一把淡藍色或白色的長髮（化為常人之時可變黑色），生性極其冷酷，美艷不可方物，居住深山之中，掌管冬季的大雪。

她好男子，常常勾引他，和他接吻，吹氣使男人冰凍，再取走靈魂，大食之。無所謂分別善惡，只出於純粹好奇心。她曾居人類住宅，甚至結婚生子，後帶孩子回到雪山。雪女的孩子叫「雪童」，也是妖怪。

凜冽的雪女

【東正教】

索菲亞女神（Sophia）

Sophia是源自希臘語的「智慧」一詞（哲學——philosophy即愛智慧），不是某位有豐富傳奇故事的女神名字。希臘神話也沒有叫做索菲亞的女神。

「索菲亞」是神學概念，在天主教、東正教神學體系中代表「智慧」。擬人化後，以女性形象出現（比較溫柔），而成為索菲亞女神，象徵源自上帝的智慧。東正教有些著名教堂便以「索菲亞」命名。靈知主義教派稱她為「耶穌基督的新娘」。

瑪利亞（Mary）

母神，天主教之聖母瑪利亞。（注意：天主教與新教之譯法不同在「瑪」字及「馬」字。）

古時，母系社會沒落，男性主導乃必然的事實。耶教《聖經》、猶太教《摩西五經》，女性地位往往處於男性之下。聖保羅論及女性社會地位時說：「不過照上帝的安排，男女都不所單獨生存，乃是彼此需要的。第一個女人是從男人而來，而以後所有的男人都是女人生的。」（孤陰不長，道家相同之講法。）成為當日男尊女卑的原則。

雖然很多著名學者、教父都主張男女平等，羅馬帝國立耶教為國教後，羅馬教廷帶有嚴格的父權色彩！

但是，我高興的告訴大家：之前，羅馬人信仰並讚揚的是神聖女性的母系（母權）宗教。他們尊重女性的生育，自然與美，從希臘神話轉而來的女神密涅瓦（Minerva）、戴安娜（Dianna）皆是。

另一位羅馬人崇拜的女神，非處女，乃大母神（地母神）名西貝萊（Cybele, the Great Mother），或譯施貝拉（女神被耶教視之「邪神」！）她的丈夫阿提斯（Attis）因她發兇而自閹而死！

希伯萊人公元前三千年前，信仰母神阿瑟拉（Asherah），此女神身份十分奇異，皆耶教中邪神。一說乃巴爾（Baal）的配偶；另一說是耶威（YHWH）的妻子（耶威也是耶教上帝的原型）。公元前五百年左右銷聲匿跡。

《舊約》中阿瑟拉、巴爾等古代希伯萊宗教的神，都被撥為「邪惡」，祭司被處決。好一場「宗教爭霸」戰中的「宗教滅絕」！這是一神教的暴力排斥，只能讓人信仰其神，而找藉口滅他人的教！這次藉口乃：巴爾神是要求殺嬰奉獻的（所謂「過火」）！早期耶教也有殺嬰，殺埃及異教徒生的嬰孩。難道小孩子不是上帝創造？

而羅馬教廷成立後，便打造了「瑪利亞的崇拜」觀念、儀式、信條等等，給羅馬天主教定性，使瑪利亞的地位順利取代了以前當地人崇拜的女神的地位，她也是以前眾多外教女神美德的總和。是母親（來自伊希斯、朱諾（Juno）、神后）、是嚴厲天父的溫柔面、是「新夏娃」，逆轉原罪。其實，早年羅馬教會焚燒異教書籍、拆毀異教廟宇，侵佔並改建的耶教教堂甚多，包括巴黎聖母院，原址都是異教廟宇！

宗教革命的新教（馬丁路德）不贊成女性聖徒、聖母等觀念，劃為「羅馬天主教的異端」（故有新教徒認為天主教屬「邪教」！），新教佈道有「女性威脅論」，十六、十七世紀有瘋狂獵巫的愚蠢事故，天主教與更正教（新教）都有屠殺無辜婦女的千古罪行！

與羅馬教廷定性聖母差不多的同時，明代中期，中國發生一場聲勢浩大的「造女神運動」。中國容許各流各派思想的社會，卻是甚難容納唯一真神、排斥其他神的一神教獨大。故此，中國是多神的信仰之地。

中國古代傳說中已有的「女神」，如王母、觀音、天妃、東嶽娘娘等等，皆未遭到如被羅馬天主教排斥的命運。中國女神（佛、道、民間）超過一千位，地位不次於男神。王母娘娘最高位是天后，不是女帝；觀音娘娘菩薩也不高於佛祖！

中國諸神中，女神始終佔有一席地位，雖多是男神助手、或配偶的地位。

明代後，這種狀況發生了根本性的轉變。

觀音菩薩的女性化，從南北朝已開始了。唐宋時，女身觀音已獲得廣泛信仰，觀音的影響力、知名度超過釋迦牟尼佛祖。而在明代，尤其是小說《西遊記》廣泛流傳以後，更流行「無生老母」，乃是民間的「造神」運動！此即羅清提出的「真空家鄉，無生老母」八字真言。人們（尤其是低下階層人民）認為她集盤古、女媧於一身，不僅是創世神，還是造物神。她無生無滅、不增不減、不垢不淨、至仁極慈、能夠創造一切，也能夠毀滅一切。佛教的過去、現在、未來三世佛，成了她的部下。這個橫空出世的「無生老母」，的確是一個值得關注的奇蹟。

實際上，自從「無生老母」出現後，明、清兩代的幾百種民間秘密宗教，九成奉她為最高神。如發展快、消滅快的無為教、天理

無生老母又名無極聖母，身兼盤古、女媧之職。

「入鄉隨俗」，穿國裝的聖母聖子。

教、青蓮教等。

這些小宗教都是從儒、道、佛反出來的民間信仰。而女性在宗教中亦起了前所未有的變化。突出表現在新教派的教主、創始人本身是女性！男尊女卑封建社會中，非常特別！黃天道的「五祖」，有四位是女性；白陽教教主是趙氏（女性）；大乘教的開山祖師是順天保明寺的尼姑歸圓。這些由女性作為宗教領導的現象，反映民間對父權、夫權、王權的反感。

此外，明、清的歷次宗教起義中，女性首領很多，側面反映「無生老母」改變中國傳統社會婦女命運。其中比較著名的就有：一四二零年山東唐賽兒起義（白蓮教）、一七四八年福建普少起義（無為教）、一七九六年王聰兒起義（再稱白蓮教）等，都由女性領導。「無生老母」絕對不會比觀音、天妃的信徒少。這是從男神權威過渡至女神權的現象。

差不多同時的瑪利亞崇拜，與無生老母的崇拜，都是對「母親形象」的崇敬。

母親是安寧的象徵，是安全的保證。十六世紀，東西方資本主義萌芽，商品經濟空前發展，農民生活困苦，飽受剝削，亟需要母性的安撫，渴望回到母親的懷抱。事實上，天主教聖徒耶穌會羅耀拉提倡「聖母崇拜」，乃為了對抗鼓勵發展資本主義的新教（誓反教），女神從一個側面反映了資本主義萌芽的發展對人們心理變化的影響。

此時，中外社會都產生「宗教上的轉變」要求，舊的宗教無法維持人民生活的需求，加上腐敗，失去威信，令到人民自己創造的「全能女神」有機會崛起，帶來新希望！而女性信眾增多，形成支持宗教的一股大力量，亦讓「母神」有理由出現。

不過，明、清以來民間信仰、民間宗教被利用成顛覆權力的助力，革命一經消滅，所依的信仰即隨勢被毀滅。反而，羅馬教廷的「聖母」形象在不斷的創造節日、崇拜儀式、神話（顯現）中保存下來。

正義女神（Justitia / Lustitia, Lady Justice）

擬人化的正義與司法女神朱斯提提亞（Justitia），名稱由法律「jus」一詞轉變而來。一手持天平（公平）、一手持寶劍（權力），蒙眼，代表決定依據公平、不受到現實（人情、金錢）的影響。香港高等法院有此立像，乃西方普世價值。

正義女神可說是西方普世價值象徵。

【希臘／羅馬神話】

（羅馬跨越北非，歐洲及小部份亞洲，文化神話上承傳古希臘。）

墨提斯（Metis）

第一位天后，智慧女神、司掌思想、諫言、水文，又是正義神。呂狄斯．墨勒斯河神的女兒。雅典娜（女）、波洛斯（子）為其兒女。

傳說宙斯得墨提斯之助戰勝父親，開始追求對方。後來，墨提斯懷孕，宙斯把她吞下，恐防兒子謀取他的帝位。產期臨近，宙斯頭痛欲裂，火神力劈宙斯的頭，雅典娜便從頭顱裏跳了出來。

赫拉（Hera）

皇后，宙斯姊妹（人類早亂倫）。妒心很重，追殺宙斯情婦及私生子，法力甚高。表現出女性妒心至大，大部份力量用於制裁情敵。

赫斯提亞（Hestia）

爐灶、家庭女神。西方家庭為社會最原始的結構，建立家庭、鞏固家庭為第一要務。是故，女神的地位超然。

阿芙羅蒂忒（Aperodide）

男女之愛、豐收、媚藥女神。看重男女之間的愛慾。

阿爾忒彌斯（Artemis）

與阿波羅為龍鳳胎之姊弟。是月亮、狩獵、處女、分娩、野生動物女神，主體為大自然女神。為何是「處女」？不明白。

德墨忒斯（Demeter）

農業、穀物和母性之愛的地母女神。大地生命之源。

冥王黑帝斯（Hades）將德墨忒斯女兒泊瑟芬（Persephone）劫走為妻，她聽到女兒的呼救聲，四處尋找。宙斯只好下令黑帝斯將泊瑟芬歸還其母。條件是泊瑟芬每年一半時間留在冥府作王后，另一半時間回歸大地與母親相聚。如此，便有四季了。她又尊奉為立法女神、正義女神。

雅典娜（Athena）（英前王妃取此名）

智慧、（和平）戰爭、藝術、軍事女神，也是農業、雕刻家、建築家、城市和未婚少女、英雄的保護神。身份多，重要是戰爭女神。

崇尚和平的雅典娜比起狂暴、好戰的阿瑞斯（Ares）戰神理智和冷靜得多，文武雙全。雅典娜的力量超越阿瑞斯，她抵禦外敵侵略，依靠自己的英勇和智慧取得勝利。但是，終究不明，為甚麼安排她是「處女」？

梅杜薩（Medousa）

大魔頭，好殘殺。（《哈里波特》書中有此傳說）出名滿頭皆毒蛇。其人看見她雙眼會變成石頭。

赫卡忒（Hecate）

最厲害女魔。居住在冥界的女巫皇后，代表月亮的黑暗面冥月或陰月。

她又是機遇、下弦月、鬼魂、陰間、精靈、魔法、魔藥、冥月、地獄女神，夜的女主人、死靈巫術女神、女巫的保護神。是奸邪之女神。常帶火炬（聖物）、蛇、狼、紫杉、曼陀羅、（地獄）鑰匙、匕首、赫卡忒之輪。法力強大，助宙斯打敗獨眼巨人（Cyclops），連宙斯也敬畏她。

可能起源於古埃及的青蛙女神海奎特（Heket），或是來自亞細亞。陰間（不是耶教之地獄）創造者，有一群獵犬護駕。火炬是其重要標誌，藉助它才得以救出被冥王擄走的泊瑟芬。掌控所有三岔路、鬼魂、巫術和魔法，許多咒語都有她的名字。總在子夜時分出現，領導一眾鬼魂前往陰間，自己亦會化為妖魔恐嚇行人。如冒犯她會遭到邪惡精靈的報復。城門、門口附近經常放置有赫卡忒的神像，家中則以赫卡忒為門的基礎。

形象與女獵神阿提米絲（Artemis）非常相似，人們將二者混為一談，視她為阿提米絲在陰間的分身。其實不是。

提坦女神

近東傳入，有三相。天界三位月亮女神福柏（Phoebe）、塞勒涅（Selene）和阿提米絲（Artemis）象徵月亮的三個相貌（新月、滿月和彎月或月盈、月圓和月缺）。古希臘人不能解釋月亮不同週期變化，很容易產生這樣迷信的說法。

【印度】

印度教系女神（有正有邪），都反映人世。

戴離（Devi）

印度教至高力量之神，是「大母神」，破壞神之妻。有極溫柔一面，也極兇狠，代表人有極可愛（光明面）；又有極兇狠（陰暗面）一面。

薩蒂（Sati）

又名娑提，婚姻女神，女人貞潔代名詞。

神話：她控訴父親侮辱濕婆大神，引火自焚，轉世成雪山神女下嫁濕婆。

古代婦女在丈夫葬禮上會自願自焚殉夫，以示忠貞。（舊的《八十日環遊世界》有此情節）現在這陋習取消了。

帕爾瓦蒂（Parvati）

雪山神女，濕婆妻子，力量之神穆盧干（Murugan）的母親。婚姻、生育、愛情、孩子和奉獻女神。亦是印度教至高女神的化身，戰場上會化身最兇猛恐怖的黑女神卡莉。

卡莉（Kali）

印度教的神聖母親，代表毀滅和創造，黑暗、暴力、滅絕，同時也是生命起源。

形象可以是少女、母親和老太婆，一般顯示兇相。印度教中創造利毀滅在一起，常見的。

突伽（Durga）

近難母，戰神。字意：不可接近的。聖力派女神，傳統上是雪山神女的兩個兇相之一（另一為時母）。

拉克蘇米（Laksmi）

秋分、招財女神，光明與希望的化身，象徵「美麗」，誕生於翻騰的乳海中（印度飛天由此誕生）。眾神被祂的美貌吸引，都想娶祂為妻。

佩雷（Pele）（巴西球王也叫此名）

夏威夷女性，火焰、舞蹈、風、火山與暴力的女神。崇拜者稱「佩蕾夫人」、「佩蕾祖母」，其他人稱「大地之女」，即「吞噬大地的女人」。象徵破壞、嫉妒，脾氣暴躁。生氣時會把熔岩擲到生物身上，殺生，性殘忍。

夏威夷諸島火山頻發，人們便在熔岩流旁邊建廟祭祀佩雷，以求保佑。

財神

引言・財神崇拜

財神的真實面貌

財神的設定乃人的良好願望。如自己能力辦不到的事，借助一種「神力」（超自然力），希望在不可能中產生可能，這便是靠「超自然力」給與凡人的希望及安慰了。中國民間信仰反映人性，也反映人的想像。

每個人心底，都希望不勞（少勞）而獲，付出少而得益多。這只可仰賴「神力」。「神力」，只在想（幻）像中，無限制地，無條件或少條件地出現，不需任何理性（道理）支持，如將人世間的「道理」灌輸入去（說成道理），「神力」便可以「買賣」、「回報」、「列出條件」。這些人間行為在「神界」、「仙界」、「超自然力量界」便成了「價錢」，成為收買「超自然能力」的代價。

中國民間信仰的「神（鬼）」，經過中間人（巫覡，神棍）的宣傳成為保佑人民的財產，很容易變化成「獲得僥倖的財產」，進而演化成能夠滿足求「神（鬼）」以便賜與不勞（少勞）而獲的恩典。當然中間人（巫覡，神棍，得益者）搧風點火，製造了大量「財神」（下面逐一介紹）滿足祈求者貪婪心態。有人認為「神（鬼）都是人造的」，財神更是「人做成」的了。

君子愛財，取之有道

世人皆望發財，皆拜財神。所拜之財神都是公義、正直、忠心為本。反對妄得、不勞而獲。

宋元後，中國財神愈來愈多，與轉形商業有關，分類如下：

一、文財神：范蠡、李詭祖、福祿壽三星等。
二、武財神：關羽、趙公明、鍾馗等。
三、五路財神：黃財神、白財神、黑財神、綠財神、紅財神。

財神幻想無限。

「君子愛財」，財神爺自然愈來愈多。但記得，「取之有道」呀。

每逢農曆年，大家不斷聽到「恭喜發財」之聲，不斷聽到「財神到！財神到！」的歌聲。看今日的日本人過新曆新年；猶太人過其猶太人新年；絕聽不到「祝人家發財」的。祝身體健康生活愉快，（大陸祝天天進步）都有。財神只在港、澳及內地社會有出頭之日。

財神乃民間信仰、道家信仰等宗教上負責「管錢財」的神。人們想像，老人家必然有錢。但是管治的官未必富有。例如趙公明、關羽、比干、范蠡（四大財神）等先賢，他們都是窮光棍焉。世俗又舉范蠡、沈萬三做財神。皆為當年首富也。

香港以獅子山精神著稱，但甚麼是「獅子山精神」，普遍都解說不清。看香港的歷史，由小小漁村到國際金融市場；由英國殖民地到今天中

窮神（右）與財神（左）造型相映成趣。

國南方重大金融城市，她的改變，是一座商業為主導（主旋律）的城市吧。

「獅子山精神」便是「內裏有中國特色倫理的商業城市」的精神。

商業精神，並非中國傳統的儒家提倡之精神（士農工商，商人排在最後），但是現在大氣候只能從商，才能享有榮華富貴。只有成商人，才能一朝發達，沒有人話做士人可發達，亦沒有科舉功名制度可做官了。有錢，則有名、利、色、權，都易擁有，故此，人們的心態要成為商人，便要做財神了。

這種心態，全世界人類如是，不獨中國人而言。

商人，必定要追求財富的，這便是求財，求財須靠「超自然力量」始能順利，崇拜超自然力量，便是「財神崇拜」。

財神不只為求財

很多人新正頭（農曆新年）都望發財，故有「財神到」之廣告，有歌，亦派發「財神到」海報，户户都安貼家中，期待財星來到。不止渴望發財，亦望有橫財。

橫財者，不勞而獲的財產也。一般都是靠賭博贏來之金錢財物，有家庭明文規定子女不可賭博，卻在農曆頭三日大開賭禁，可得些橫財。可是，此乃零和遊戲，有人輸才有人贏的。

亦有人相信「財位之說」，以為錢財會在某個時辰在某方位出現，便努力拜祠此方向，務使橫財、正財就手。

更有「財神、偏財神」之設立及膜拜。這是民間信仰、民間宗教的神祇。問題在於財神很多前身是災殃神、瘟神，如武財神趙公明；又如台灣叫的「大伯爺、二伯爺」（鬼差黑白無常），他們樣子都是兇惡嚇人的，充滿邪惡，又為何是財富的神靈？（青面吐長舌）。又有是捉拿犯人的差役，國人將其高帽加貼「一見發財」四字，如何解釋，見了此鬼差便「發財」，不得而知也。

黑白無常，一見發財。

中國人只望求財

不必說中國人本性貪，世界上其他民族都貪，貪婪是人類本性。佛教說「三毒」，也以「貪」先行。進入現代社會，名、利、色、權人之大欲，個個人都有貪念。求財，是人的常情。但是，財來自有方，不可貪不義之財，有云：不義之財不能久享。冤枉來，瘟疫去。世界是「人在做，天在看」的，因果關係是本該的。

上天的神明，不論是儒、釋、道、耶、回或都一樣，「神」是不可以保障發財的。

也有神棍邪說，可以「改運、改命」。命運，如有的話，不可改變，財富亦不可以強加於人。故此，「甚麼借庫之說」亦是騙人的。

中國財神不少是歷史人物

中國正史及野史中都有不少富甲一方的大財主，可是，人家有錢，又關卿何事？然而世俗人都信賴有錢佬，以為人家有錢便不再

俗人望升官，望到諧音「棺」為「官」。

貪心。這是錯誤的想法。人性不貪，與富與貧完全拉不到關係，富者為了面子，為了各種莫名其妙的理由同樣貪，可能手法不同，技巧不同而已。

拿其中一位財神作例吧。李詭祖（陌生吧），如果常看「福祿壽喜財」五星，會覺此人面善，他便是「財爺」了。

臉正、長白鬚，有威儀，原來是漢朝山東人。他的成名、位列仙班是在唐代。正值盛世，唐太宗李世民賞賜李君救太后有功，唐明宗更加賞封他為「仙人」。唐代興信道教（李耳受追認作祖先爺），李詭祖成了道教神仙！一切皇家封號，成不成「仙人」，全憑皇帝老子加封。人已死了多年，只要皇室感他顯靈，便成神仙，有誰反對？有誰抗議？有誰投訴？沒有人膽量如此大呀！

很多中國民間「神仙」，都是皇室所封的。蟻民無條件接受，此等高位更不容置疑。

財神者，轉化成協助老百姓發財之神了。民間一窩蜂希望財神臨門，也不理會他有否此能力，取個吉祥意頭也安心哩！

這便是封建主義的獨裁一言堂説法。

香港常見的財神

【「神」篇】

趙公明

中國很多財神都從傳說中改造、或由著名歷史人物轉化過來的。趙公明前身竟然是一位瘟神（太奇了）！

此君在史書上沒載，出於小說《封神演義》，稱趙公元帥。在峨眉山修道，周武王攻克湯殷時，効忠紂王陣亡，死後被封為「金龍如意正一龍虎玄壇真君之神」，簡稱「玄壇真君」。

東晉干寶《搜神記》載：「上帝以三將軍趙公明、鍾士季各督數鬼下取人。」身份是鬼部的將軍之一，取人性命的瘟神。

明代《三教源流搜神大全》記載隋文帝就天上五鬼問太史，太史答「五方力士在天上稱作『五鬼』，地上稱作『五瘟』：春瘟張元伯、夏瘟劉無達、秋瘟趙公明、冬瘟鍾士貴……這是天要降災，沒辦法避免。」那年果然爆發瘟疫，百姓病死者眾多。隋文帝建廟祭祀這五方力士，封為將軍，安撫神靈，祈求不要再帶來災害，以後五月五日祭祀五瘟將軍。

到了《列仙全傳》，趙公明又變成了八方鬼帥之一：「時有八部鬼帥，各領鬼兵，動億萬數，周行人間。劉無達領鬼行雜病；張元伯行瘟病；趙公明行下痢；鍾子季行瘡腫；史文業行寒瘧；范巨卿行酸瘠；姚公伯行五毒；李公仲行狂魅赤眼；虛毒嘯禍，暴殺萬民。枉夭無數。」

《搜神廣記》又稱：張天師煉丹時候，玉帝派趙公明下凡護法，加封「玄壇元帥」（玄壇指其煉丹時所設的壇）。張天師飛升後趙公明留在永鎮龍虎山。與關羽、溫瓊、靈官馬元帥共同稱為道教的「四大元帥」。

《三教源流搜神大全》：「（趙公明）除瘟剪瘧，祛病禳災。如遇訟冤伸抑，能解釋公平，買賣求財，宜利合和，無不如意。」自此從瘟疫神變成祛病禳災之神，塑造正面形象，職能倒轉過來。

財神趙公明是前瘟神，可見世人多麼「不計前嫌」。

驅除瘟疫外，趙公明還增加了兩項新的職能：判斷是非對錯和保佑生意獲利。

部下四位：招寶天尊蕭升、納珍天尊曹寶、招財使者陳九公、利市仙官姚少司，都是財神哩，與玄壇真君合稱「五路財神」。民間認為玄壇真君有帶來財富的能力（真是難解）。農曆正月初五，玄壇真君下凡視察人間，商家常此日開業。舊曆三月十五真君生日，七月二十二日「財神節」乃真君得道日。相傳玄壇真君為回回人，不食豬肉。以燒酒、牛肉祭祀，稱作「齋玄壇」。

七爺八爺

台灣叫黑白無常。根據傳說：謝將軍名為謝必安，高瘦，面色慘白，粵人謂白無常，人尊曰：髆爺（髆，又作「躼」），瘦且高，似竹千篙），手持長條形的令牌，用以捉拿人（凡人死去，必有罪業）。

范將軍名為范無救（或無赦，無咎），短胖，面色烏黑，粵人謂黑無常，尊曰矮爺，手持榜牌（正方形的令牌），又稱榜牌爺（也是捉拿手令），有時稱作崩敗爺。

台灣人稱之七爺、八爺，是為押陣之神。福建人稱之大爺、二爺，因謝范將軍為首領。

兩將軍本是公差（公安或警察），一次因押解要犯脫逃，約定在橋下會合。謝必安（白無常）受大雨耽擱，無法趕到；范無救在橋下苦等，河水暴漲，又不敢失信，最後溺斃。謝無哲趕到時痛不欲生，上吊自盡。後皆受封為冥界大神。（故事情節似莊子南華經內容）

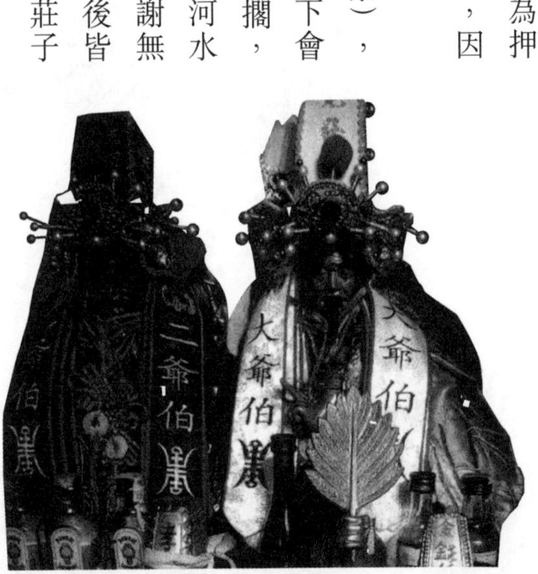

台灣尊稱黑白無常為大伯爺、二伯爺。

牛頭馬面也是著名鬼差。

至於為何成為「一見發財」之財神？各家見解不同：

一說他們是鬼差，奉主子命令取人性命，大家都貪生怕死，不願見到鬼差，遂謠傳見到他們可發財。還在帽上寫「一見發財」增加聲勢。

二說他們形象兇惡，然忠於職守，玉帝／閻王賜他們能致財富之能力，沖淡惡性。

又，為何死了的人總是「罪犯」？鬼差要用手銬腳綁捉拿？中國人並沒有原罪觀念，但人在世間必曾犯過，聖人都有錯嘛。是故，死後必有至高至公義之審判，一切人都是有罪之人。這一觀念完全正確，必有罪孽，死後須清算的。

鬼差除了黑白無常，更為人熟知的是牛頭馬面。

天官

即眾天神，我們供奉的「天官賜福」神牌就是望其賜福家門。福，不一定指財富，賜福單一目標為財，窄了。

天官，坊間有兩種說法。第一種是上元一品賜福天官（道教官名）；第二種是天上虛空過往，任何經過的天神，意思指各種在天上的大神或遊仙，沒有特別指定哪一位，這些「過客神仙」統稱「天官賜福」。過客神仙，帶來福氣。至於哪一個說法正確，得看當地風俗，兩種說法皆是正確的。

玩「碟仙」等的人都請「過客神仙」來顯靈。

中國民間信「天」，拜當天即為「天」設祭品枱。「天」可指人格神、玉帝；或者抽象的「天」（非自然之天）。衣紙要有「天神衣」，祭品要有軟糖及糖水，寓意好運常來。有些家庭會大神、祖先、地主一起祭祀，不必刻意做拜當天，拜當天求橫財是白費的。

土地／地主

海外、香港多見地主及土地，其實是兩個不同的「神」。

地主：土地、地皮的業權的主人，有使用權、出租權的法人。

地主公：地基主，起源於古代的中溜之神（不大不小，中霤亦作中溜、中靁神）崇拜，今為供奉「地脈龍神」，用以崇德報功。相傳地主公管理所有大小事務。神牌上書「五方五土龍神 前後地主財神」，因為有財神二字，有人把他當做財神供奉。地主公非正神、主神，是以一般奉祀在主神龕下的凹洞或桌下。

土地不同地主。

土地全名是土地公公，或門口土地，又稱「福德正神」，大神。地主，坊間統稱為五方五土龍神，是五方的高級鬼神，遊仙，或當地年代久遠的鬼魂。

土地及地主都是護宅神。門口土地主保佑屋外；家中龍神地主保佑屋內。很多人都不知道，此地主保佑家宅人口平安，如人口變

土地搞不好是連小朋友都很熟悉的神。

動，要向閻王報告，即家中死了人要報數。

民間認為地主乃真正的地方主人，包括管財，向祂求財，必然不當拒絕。但是，每地之地主神怎可助所有求財者，地主神財力何來？

祭品方面，除了土地要供「地衣」外，要有元寶或金幣形的朱古力或糖果，寓意土生黃金（露了餡，太兒戲，入了迷信）。地主（五方五土龍神）則要「五龍地主衣」（不是奉土地衣），也要元寶或金幣朱古力、糖果。如能找到鯉魚形的年糕更佳，習俗不可用梨或火龍果來做供品。

上香方面，五或七枝，或用五色香，指：東南西北中，拜各位置的五位龍神，多出兩枝，說是給前後地主財神。

有一故事，我有一位親戚，過世之後，他的妻子用紅紙封住門口土地神位。原來相信其夫回魂之夜，土地公不准鬼魂入屋內。民間是信土地公法力可壓住鬼魂的。

《西遊記》中，孫大聖初到境地，便找該處土地公問詢哩。

布袋和尚

佛教中一名似癲非癲高僧，相傳是彌勒佛化身。布袋和尚的笑容與布袋象徵歡喜、招財，視同財神（太一廂情願了）。布袋載的不是金錢。

布袋和尚總是笑嘻嘻的。

福祿壽三仙

天上三星：福星、祿星、壽星，代表吉利。普遍見家中供奉，無求財之說呀。（日本七福神也有這三位）福，不是財也。

金虎爺

又稱大壇元帥、虎將軍、山君將軍。乃眾多顯赫神靈如趙玄壇、媽祖、土地、城隍等神的坐騎。具辟邪、救災、招財功效。多在簷下供奉，給視為管財之財神。

金虎爺是諸神坐騎，圖中騎虎的是金虎爺的人形化身。

【史上真人篇】

活財神蔡京

北宋天才，神童，高官。書法、繪畫都無人出其右。可是沒骨氣，見利思遷，奉承皇室顯貴，雖則為當朝首富（貪污），至是蠢民捧為「活財神」，後被貶，途中被殺，活財神之名馬上消失。（貪官不可做財神敬仰）

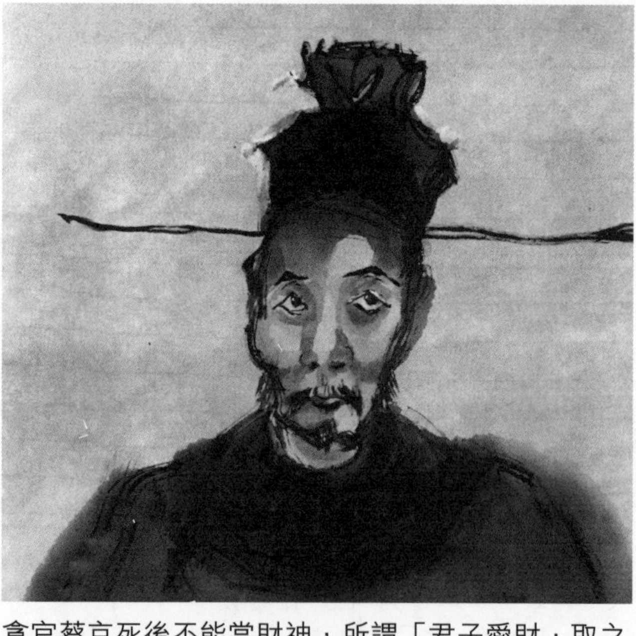

貪官蔡京死後不能當財神，所謂「君子愛財，取之有道」矣。

守財真君比干

紂王之王叔，商朝忠臣。紂王藉口剖他心臟而死。周武王姬氏伐紂後，姜尚老先生封比干為「文曲星君」。道教尊其為「守財真君」。《封神演義》中角色，民間認為祂不偏私，故為財神。比干是一位文臣，稱為文財神。這裏可以見到「財神」必定無私心。世俗人求財，乃是極自私行為，比干又怎可偏私施法力呢？

也許因為尊敬忠臣才捧比干為神，可是怎麼偏偏是財神呢？

增福真君李詭祖

北魏孝文帝時官員，愛民如子，常以俸祿布施貧民，民以為德（好官）。歿後，奉為財神。

關聖帝君關羽

傳說關聖帝君從軍之前擅長（會計）簿記，保護商業利益。台灣、港、澳、南洋等地奉為「武財神」。但是，關二哥最重要品格上之重點，乃是義字。事之宜也。財神必須重義，施財始能公允。盲目相信關二哥，拜關二哥，可得妄財，妄矣！

關二哥成神後職務繁重。

淮陰侯韓信

遭呂后誅殺，列「偏財神」之一。話說：淮陰侯韓信，發明許多賭博遊戲用具，供士兵玩樂解悶。故謂之偏財神（查無實據）。

有云「言兵莫過孫武，用兵莫過韓信」，誰想到韓信還是偏財神？

陶朱公范蠡

春秋時代越國政治家，著名「獻西施巧用美人計陷吳差」。為避免用完即棄，棄官經商致富。傳娶西施遊西湖。號稱「陶朱公」焉。大有錢。

「飛鳥盡，良弓藏；狡兔死，
走狗烹。」
富豪范蠡有大智慧也。

季倫財神石崇

晉朝人，極富有，尊為「季倫財神」（季倫為其表字）。十路財神之一的「金財神」。

喜與人打賭，可見他財大氣粗，不宜效也。

流行清談玄學的晉朝出了個財大氣粗的石崇。

富商沈萬三

明朝商人，傳致富因有聚寶盆。話說：沈萬三獲得一隻聚寶盆，將甚麼東西放盆內，皆能複製數倍。沈萬三富甲天下，為十路財神之一的「招財王」。確是民間首富，其墓址不敢外洩，怕斷風水也。

附：十路財神

由五位文財神五位武財神組成，文財神分別為范蠡、比干、石崇、沈萬三、包公。武財神有趙公明、蕭聲、曹寶、陳九公、姚少司。

五路財神，文也？武也？

聚寶盆物主沈萬三，財王當之無愧。

富商白圭

比較不聞名。乃戰國時知名富商，精通貿易之法，號稱「商祖」。對水利也有研究。（以富人為財神，訴諸於權威耳。）

孔門十哲端木賜

孔子弟子，孔門十哲人的子貢。善於言語，以經商聞名，極富有。何不效子貢的「懷疑精神」？

漢貴族吳王濞

漢朝劉邦之後，封藩王，可鑄錢、煮鹽發達，為天下富豪。漢景帝誤殺其子，發動七國之亂，敗亡。有錢成神？

顧野王

南朝，南梁人，平侯景之亂有功，相傳研究錢幣多年，與其父顧烜並稱為財神。

姚崇

唐玄宗之宰相，政績良好，敕封為財神。高尚人格為發財之正道。

何五路

元朝義士，抵禦匪寇而死。死後託夢助人得財，故奉為財神。生前沒有功名，死後沒有封爵，人民奉祀於路邊草庵，稱之「五路神君」，有時稱為「五路財神」。小心與玄壇真君等五神混淆。

金元七

南宋人，江浙地區的水神，顯靈佑水上作業人士，死後帝封總管、利濟侯。天花之神（疫神）。後轉化為財神。

【半仙篇】

鍾馗

唐太祖時武舉子，死後成仙，幕府中有「五鬼」，為人帶來財帛金錢，為「五鬼搬運」、「五鬼運財」。鍾馗除捉鬼、嫁妹，亦稱「偏財神」，入荒唐說。

和合二聖

即「和合二仙」，寒山、拾得兩人也。唐太宗時的高僧，傳文殊菩薩、普賢菩薩化身。兩人情感融洽，象徵和睦與和氣生財，這是真理，但「財」，非一定錢也。

鍾呂二仙

鍾離權祖師與呂純陽祖師。鍾離權真人、呂純陽真人能「點石成金」（智者之石乎？），奉二仙為保護神、財神。

劉海蟾

又稱之為劉海，五代十國時人。燕王的相國，棄官修道（相傳為鍾離權點化，呂純陽授法），道號海蟾子，道教全真道北五祖之一、海蟾派祖師。元世祖忽必烈封為「海蟾明悟弘道真君」；元武宗加封為「海蟾明悟弘道純佑帝君」。

有「劉海戲金蟾」傳說，使劉海（劉海蟾）被視為財神。

話說常德城內，絲瓜井裏有隻怪物金蟾，只有三腳，經常夜裏在井口吐白光，人可乘此白光升入仙境。有一貧窮青年劉海為人厚道、大孝。某日，山林有狐狸精幻化美姑娘求嫁。二人婚後，姑娘口吐一粒白珠給劉海做餌，釣於井邊。怪物金蟾咬釣而起，劉海乘勢騎上蟾背，羽化登仙而去。成了民間「劉海戲金蟾故事」。後人紀念劉海行孝得道，建蟾泉寺，尊為財神。

劉海戲金蟾

佛教中的財神

一切都是「空」的佛教，何來財神呢？一切三毒為首，都是人的貪、嗔、癡，何解有財神？

世間一切苦，源於財富。財富或許能解決人們一些物質上的缺乏，但只有智慧——最高的「財富」——才能引導人們真正脱離痛苦。佛教要求信眾去除貪慾，拋棄所有世俗財富，過簡樸生活。然而，不少各國國王、大施主及其弟子需要他人財力支持，尤其是出家僧團，更是全部依靠施主的護持，經濟支持。

佛教（特別是密教）有許多不同種類的「財神護法」，甚至很多「本尊」，都有增益財富的功德。（佛教財神法的意義）世人以為供奉財神、唸財神咒可以獲得財富，是極其錯誤的觀念。

佛教財神乃諸佛菩薩以大菩提心普渡眾生，幻化為護法形象。欲依靠財神護法而獲得財富，必須和「財神護法」相應；想和「財神護法」相應，必須先發菩提心。

須無私心，普為眾生求財（為大眾求財），為利益眾生而求財，為護持三寶、廣行佛事而求財。做利生佛事，才能和財神護法相應，獲得財神護法的護持。

修行者，真發菩提心而修財神法，則飲食衣服等資生之具，不虞闕乏也。如果想靠財神法來積累錢財，那是不可能的。癡心妄想。

佛教是因果論，不是宿命論。認為今生一切都由過去世所做的「業」決定，那是宿命論，不是因果論。過去世沒有種植任何福報的因，今生才發了菩提心來修「財神法」，菩提心比供養諸佛的功德都大，乃是福德的因！

《藥師經》中載：藥師如來所發十二大願中第三願為：「願我來世得菩提時，以無量無邊智慧方便，令諸眾生皆得無盡所受用物，莫令眾生有所乏少。」

第十二願：「願我來世得菩提時，若諸有情貧無衣食，蚊蟲寒熱，晝夜逼惱；若聞我名，專念受持，如其所好，即得種種上妙衣服，亦得一切寶莊嚴具，華鬘塗香，鼓樂眾伎，隨心所翫，皆令滿足。」

修持藥師法門，有滿足用物、衣具不缺，資具豐足之功德。

持金剛海音如來

持世菩薩，出自《雨寶陀羅尼經》。修持此如來之「雨寶陀羅尼」能得財寶穀物，可見食物乃是財富之一。

準提菩薩

《七俱胝佛母所說準提陀羅尼經》云：「若有修真言之行出家、在家菩薩，誦持此陀羅尼，滿九十萬遍，無量劫造十惡、四重、五無間罪，悉皆消滅，所生之處常遇諸佛菩薩，豐饒財寶常得出家。……又法，若求豐饒財寶者，每日以種種食護摩，得財寶豐饒。」

地藏菩薩

發願：地獄不空，不肯離開。

《地藏菩薩本願經》云：「復次普廣，若未來世眾生……，能於是十齋日，對佛菩薩諸賢聖像前，讀是經一遍，東西南北百由旬內，無諸災難；當此居家若長若幼，現在未來百千歲中，永離惡趣。能於十齋日每轉一遍，現世令此居家，無諸橫病衣食豐溢。」「是人更能三七日中，一心瞻禮地藏形象，念其名字，滿於萬遍，當得菩薩現無邊身，具告是人，眷屬生界，或於夢中，菩薩現大神力，親領是人，於諸世界，見諸眷屬，更能每日念菩薩名千遍，至於千日，是人當得菩薩遣所在土地鬼神，終身衛護，現世衣食豐溢，無諸疾苦，乃至橫事不入其門，何況及身，是人畢竟得菩薩摩頂授記。」

虛空藏菩薩：《虛空藏菩薩經》云：「是虛空藏菩薩摩訶薩。具大慈悲。若有眾生貧窮困苦欲求大富。……欲願多財得已能用。」

凡人以為凡管理「地下」的權力，必有管理及支配財力，收祂亦算財神。

彌勒菩薩

為佛教財神之一。漢地有大肚彌勒（參前文），肚內可藏巨物，故情願他可納財。（不合邏輯）

辯才天

「才」通「財」，所以也叫做「辯財天」。同音誤會的「財神」。

財寶天王

四大天王中之一，俗稱北方多聞天王，又稱毘沙門天。

漢傳佛教中，多聞天王是戰神形象，唐朝軍隊奉為「戰神」供奉。

藏傳佛教的多聞天王，具有戰神和財神兩種屬性，身穿黃色衣裳，坐白色獅子，身穿戰袍，右手持幢旛，左手持吐寶鼠。騎馬、穿戰袍八位隨從，手持吐寶鼠，稱「八路財神」。吐寶鼠乃八大龍王的眷屬，不管吃甚麼都會化為摩尼寶珠吐出來。

五姓財神

五種顏色：黃、白、黑、紅、綠五尊財神，身形矮肥，戴寶冠，披瓔珞，左手持吐寶鼠。黃財神流傳最久，最廣為人知，又

黃財神，諸財神之首。

傳最靈驗。黃財神，藏名占巴拉色波或藏色，膚色黃，密教護法神也，諸財神之首。上身袒露，下身男裙，右手持摩尼寶，象徵寶光普照十方，增添眾生福報。左手抱吐寶鼠（口含珠寶，象徵財寶）。左腳踏一隻白色海螺，象徵能入海取寶。

象頭財神

毗那夜迦（Ganesh），象鼻天，大自在天神，印度教神，被歸入佛教及民間宗教。主管天庫（銀行），精於理財，是印度（印度教）的財神，亦是智慧之神、命運之神，象徵吉祥和成功。四手，意味全才全藝，坐騎是老鼠（象怕老鼠?）。

印度三億多神中，象鼻天最多人崇拜，很多印度店都擺設上身是象、下身是胖少年的象頭財神像。

何以他相是象頭人身?故事多哩：最流傳的，話說其娘雪山神女出浴，囑他看守，任何人不能走近。巧遇其父濕婆回家，爭執中，兒子被斬去頭。挽救之法乃取翌日所見之物替代。翌日，一早見象，故易其頭焉。

大黑天

日語DAIKOKUTEN，身白六臂，日本、中國西藏之財神。具戰鬥屬性，由中國介紹到日本，信徒眾多。其「真身」、「剎土」在何處？說法不同，一說為毗盧遮那佛、大日如來化身。一說是大自在天化身，又是觀世音菩薩的化身，不一而足。

日本的大黑天乃佛門護法神，掌管農業、五穀豐收與財產監管。手持米袋、錢箱等物，神道教與佛教合流之「神」也。日本七富神之一，與日本毗沙門天、弁財天一起被奉為廚房監護人（只因黑）。很多飯廳都供奉，以確保出入、工作安全。以及，保生意興隆。多倫多便有此名之日本食肆，表示好吃。

古代印度神話有一則大黑天的故事，後來轉為佛教密宗的故事。

古時印度某族生活無憂，豐足富饒，卻有一個習慣，就是吃人肉，此族皮膚都是黝黑的。佛祖釋迦牟尼化身教化：如想多吃人肉，便先唸咒，越唸越富有。族人照辦，吃完人肉後天上灑下大量金銀財寶。眾人貪婪，跟着佛祖唸咒，果然漸漸富有，但亦從咒語中生起慈悲心，覺得吃人肉是很殘忍的事。佛祖告訴他們，唸了此咒，便感受到被人吃掉肉的滋味。食人族終皈依佛法，不殺人、不吃人肉。

有關「大自在」一詞，即發現錢不能解決所有問題，只有從修有到修無，就是對自己擁有的東西看破並放手，便能擁有世界上最大的財富：大自在。

財續母

主要特色，女性財神。別名很多。如寶源度母、持世天女等，一個「財」字令她生色。

其他財神

【泰國】

四面佛

古代泰國（暹羅）受中、印文化影響，多神鬼，相傳拜四面佛保佑發大財，泰國曼谷（盤谷）有四面佛像，每年善信還神，傳有女星早年裸體跳舞謝神恩。澳門為賭埠，亦多此佛像，多人供奉。

究竟祂是何方神聖？

四面佛，本為印度教三主神之一的梵天（Brahma），另二主神是毗濕奴（Vishnu）、濕婆（Shiva）。

梵天源自婆羅門教神話（來自南遷印度之前，在歐洲高加索山脈雅利安人時），乃創造宇宙之神。傳聞乃梵文字母（婆羅米系字母）創制者。佛教安排為佛陀護法之一。

從古至今，泰國信仰中祂是管錢之神，保護信眾平安大吉，後

四面佛算是難得不時上娛樂版的財神吧？

傳至世界各地，越來越多奉祠崇拜者求四面神。而祈求者，以為祂「四面」代表酒色財氣，成為濫求不可得之物。今仍如是。

二哥豐

鄭智勇（一八五一至一九三七），生於泰國，原籍潮安縣，乳名義豐，族名禮裕。智勇，由孫中山贈名。自號海濤。由於是「洪門會二哥」而得名「二哥豐」（當年洪門不全是黑社會）。十六歲正式加入反清會社擔任副手，八年後繼任領袖。

辛亥革命後，泰國政府財政十分吃緊，多方開掘稅源，其中辦花會廠（公賭）便是生財方法。二哥豐開花會廠，兼辦銀行、報館、出入口貿易行、航運公司，經營碾米、印刷等行業，業務擴展到新加坡、香港、汕頭、廈門、上海、橫濱、長崎，成為泰國首富。他樂善好施，熱心公益，對潮汕家鄉航運、興學、築堤等不遺餘力，

二哥豐是華人泰人都很崇拜的神。

善舉殊多。泰人、華人都非常崇拜他，現有供奉其相片、雕像求保佑的。因二哥豐開賭業，故為賭神、偏財之神，人民卻忘記他的愛民事業。

南卦

全名 Mae Thep Phra Nang Kwak，泰國民間傳說的女財神、家庭神、稻米女神，有人說是婆羅門教女神拉克什米（佛門稱吉祥天女 Kissloten）。隨佛教傳入泰國，外表逐漸演變為泰國風格。坐姿或跪姿如泰女人，左手持有滿載金錢的袋，右手與日本的招財貓類同。可保生意繁榮，招來好運。泰國人喜歡在家或店鋪張貼祂的海報，供奉在廟，或佩戴相關飾物作護身符。

泰國女財神南卦，形似招財貓。

善加財佛

泰國版龍婆。龍婆是Luang Por的譯名。Luang是古老、皇室之意，Por是父親，Luang Por則是信眾對僧人的尊稱。泰國僧人修佛修法，渡己不渡人，把自己修成阿羅漢。龍婆與龍普都是對僧人的尊稱。龍婆坤是當代佛牌大師（已故），有人以他作財神來供奉。

龍婆

善加財佛是泰國版龍婆。

【日本】

招財貓

日文「招き猫」，香港常見的貓形偶像擺設。一般為白色，其左手高舉至頭頂，作出向人招徠的手勢。

招福貓公貓母貓有別。商店以求興旺，客似雲來，會放置母貓，為望真的招徠眾多顧客，不計較花費。當然，未必能如願的。人放我又放矣。這是香港人之習慣。

相關典故很多，最流行源自彥根藩第二代藩主，井伊直孝獵鷹歸途中經過東京近郊豪德寺，被和尚飼養的母貓招手入寺休息。據說此貓乃神仙，有求必應。（古埃及亦視貓為神物；日本亦然，中國則不重視貓神。）

惠比壽

夷三郎大明神，日本神話中創世神因結婚儀式錯誤生下遭棄的畸形兒。七福神唯一日本神明。原是海上守護神，後來成為商業神、大財神；到十四、十五世紀變成一般信仰的日本神。右手釣魚竿、左手抱鯛魚（少見雙手捧着鯛魚）。

每年一月九日至十一日是日本財神節，大阪及關西的神社舉行活動，人們買來幸運細竹，向惠比壽祈求生意興隆。

七福神

日本信仰中會帶來福氣、財運的七尊神明，乘着寶船。一般包括惠比壽（Ebisu）、大黑天、毘沙門天（懲妒忌之神，幸運之神）、壽老人（Jurojin）、福祿壽（Fukurokuju）、辯才天（Benzaiten，女性，知識、貌美、音樂、語言、詩歌、河流之神）、布袋（Hotei）。類似中國的八仙。現在多生意佬供奉此七神。

【古希臘／古羅馬】

西方難道不貪財？絕不，好多次戰爭都是「爭財之戰」，包括十字軍東征，名義上收復聖地，暗地裏是消滅貧愚！西方「財神」並不一定保佑求者貪念，予不勞而獲之橫財。這些「神」原於古希臘，乃「富有」、「肥美」的象徵。

赫卡緹

即赫卡忒，相應羅馬神話人物特里維亞（Trivia）。「女神」一章有述。

貪財是人性，西方也不例外。

古人認為天上的財富埋於地底、冥間，既然赫卡緹女神掌地底及冥界，自然是財神。

哈底斯（Hades）

冥王掌管地底各種寶藏，故為財富之神。義大利的洛克里城曾發現古希臘的諸神浮雕，其中冥王哈底斯與冥后手持象徵豐饒的麥穗。

克瑞斯（Ceres）

宙斯姐姐，金牛座守護神、大地和豐收女神（中外農業重收成），教授耕種（神農氏），因此最受尊敬（民之食為天）。具有無邊的法力，可使土地肥沃、五穀豐登（主要小麥），亦有法力令田園荒蕪。可以讓人財富享之不盡，同時可以讓人家徒四壁。其女性心情影響世間萬物的命運（神話真的看透人性）。是否靈驗看情緒起落，自主性強，不是容易乞求的。財神也是。

赫耳墨斯（Hermes）

又譯愛馬仕，羅馬稱墨丘利，宙斯和邁亞（Maia）所私生。頭戴圓帽，身穿帶翼涼鞋，奔跑飛快，擔任眾神信差（傳旨），身兼畜牧業、商業貿易、語言、天人冥三界的溝通之責。發明音階、度量衡。金手杖有兩條蛇纏繞，代表生和死。保護商業，為商業談判出謀劃策，促成交易。因為商人之神，又成財神爺了。

附西方海關標誌：奢侈品牌、國家銀行等都用雙蛇杖元素。

普盧托斯（Plutus）

赫耳墨斯遇上英雄伊阿西翁，最後生下普盧托斯。此君走遍各地，賜給找到他的人財富。但是，不容易遇到他的。沒有無緣無故之發達。勿妄想。

黛安娜（Diana）

又稱狩獵女神，月神，是純潔的屬性，亦是財富來源。神話是古希臘人對遠古歷史和自然界互動的回顧（世界文學藝術寶庫及西方文化之精髓）。

參考資料

參考書籍

Teresa Moorey: *the goddess Mobius*, 1988
周樹佳《香港諸神起源，廟宇與崇拜》，中華書局（香港），二零零九
陳建憲《神祇與英雄，中國古代神話的母題》，生活讀書新知三聯書店，一九九四
臺北地方異聞工作室主編《臺灣妖怪學就醬》，奇異果文創，二零一九
桂曉元《四大名著，人物神怪通覽》，上海人民，二零零六
埃利希·諾伊曼著、李以洪譯，《大母神原型分析》，東方出版社，一九九八
王子金《錢神》，陝西人民，二零零六
尹國棟《入廟拜神，遊走香港廟宇》，知出版，二零零九
林金郎《找神，拜對正廟有緣神》，柿子文化，二零一四
林金郎《神靈臺灣》，沛子文化，二零一八
高平鳴海及女神會研究會《女神》，可道書房，二零零七
葉舒憲《千面女神，解釋達芬奇密碼》，上海社會科學院，二零零四

施志明、潘啟聰《香港都市傳説全攻略》，中華（香港），二零一九
張云《中國妖怪故事》，北京聯合，二零二零
馬書田《華夏諸神．水鬼卷》，雲龍，二零零零
馬書田《全像中國三百神》，國際村文庫，一九九三
馬書田《華夏諸神．神鬼卷》，雲龍，一九九三
馬書田《中國冥界諸神》，團結，一九九八
馬書田《中國鬼神》，團結，二零零七
馬書田《中國佛神》，團結，二零零六
馬書田《華夏諸神佛教卷》，雲龍，一九九三
馬書田《華夏諸神俗鬼卷》，雲龍，一九九三
馬書田《中國人的神靈世界》，九州，二零零六
韓伯泉、陳三株《廣東地方神祇》，中華，一九九二
宗力、劉群《中國民間諸神》，河北人民，一九八七
沈泓《天上神仙，民間繪畫中的偶像崇拜》，中國工人，二零零七
李文鼎編《中國民間諸神傳》，五經堂，一九八八
館藏祖師爺神禡賞析《老神在在》，國立歷史博物館，二零零四
宋兆麟《中國民間神像》，學苑，一九九四

劉志文《中國民間神俗》，廣東旅遊，一九九七
王紅旗、孫曉琴《中國古代民間福佑圖說》，金城，一九九八
井上順孝《神社眾神明》，吉林，二零一一
《繪圖三教源流搜神大全（外二種）》，上海古籍，一九九零
《觀世音象百印譜》，嶺南美術，一九九三
葉兆信編《中國諸神圖集》，萬里，一九九三
黃曉峰《中國神仙排行，民間信仰的花樣解讀》，上海教育，二零零四
孫建君主編《民間神像》，天津人民，二零零七
盧延光圖、吳綠星文《中國一百神仙》，中國青年，二零一三
于春松《神仙傳》，東方，二零零五
趙瑾編《話說中國人之三教九流》，北京，二零零八
黃曉鋒《神仙江湖》，陝西人民，二零一二
周慶安《探祕諸神——背後的真相》，中國農民，二零零九
劉秋霖《中華神仙圖典》，天津百花，二零零八

參考網站

所有關於「女神」及「財神」中英文網站。

電子書籍

晉干寶《搜神記》
晉張華《博物誌》
五胡十六國王嘉《拾遺記》
宋洪邁《夷堅志》
金元好問《續夷堅志》

字典

《辭海》
《解源》
《漢語大辭典》
《康熙字典》

插畫／圖片提供

娜歌妮 @NOVELLAND：

頁二一、二八、三一、三五、三九、四一、四三、四五、四七、五零、五二、五四、五七、五八、六三、六四、七一、七五、八三、八五、八七、九九、一一七、一二零、一二五、一二八—一二九、一三三、一三七、一四一、一四五、一五九、一六五、一六七、一七一

曹念祖：

頁二四、二五、三二、六九、一三五、一三八、一三九、一四三、一四四、一六九

劉遇之：

頁二三、四八、五九、六一、六五、七二、七三、九三、一零零、一零二、一一五、一一六、一二一、一二七、一四零、一四二、一五一、一七零、一七五

天地
www.cosmosbooks.com.hk

書　名　賜官講鬼神——女神、財神
作　者　劉天賜
插　圖　娜歌妮@NOVELLAND　曹念祖　劉遇之
責任編輯　宋寶欣
美術編輯　郭志民
出　版　天地圖書有限公司
香港黃竹坑道46號新興工業大廈11樓（總寫字樓）
電話：2528 3671　傳真：2865 2609
香港灣仔莊士敦道30號地庫（門市部）
電話：2865 0708　傳真：2861 1541
印　刷　亨泰印刷有限公司
柴灣利眾街27號德景工業大廈10字樓
電話：2896 3687　傳真：2558 1902
發　行　香港聯合書刊物流有限公司
香港新界荃灣德士古道220-248號荃灣工業中心16樓
電話：2150 2100　傳真：2407 3062
出版日期　2021年7月初版・香港

ISBN：978-988-8549-74-0